Cogitamus

Seis cartas sobre as humanidades científicas

Cet ouvrage a bénéficié du soutien des programmes d'aide à la publication de l'Institut Français.
Este livro contou com o auxílio dos programas de apoio à publicação do Institut Français.

*Cet ouvrage, publié dans le cadre du Programme d'Aide à la Publication 2014
Carlos Drummond de Andrade de la Médiathèque de la Maison de France,
bénéficie du soutien du Ministère français des Affaires Etrangères et Européennes.*

Este livro, publicado no âmbito do Programa de Apoio a Publicações 2014
Carlos Drummond de Andrade da Mediateca da Maison de France,
contou com o apoio do Ministério francês das Relações Exteriores e Europeias.

Bruno Latour

Cogitamus
Seis cartas sobre as humanidades científicas

Tradução de Jamille Pinheiro Dias

editora 34

EDITORA 34

Editora 34 Ltda.
Rua Hungria, 592 Jardim Europa CEP 01455-000
São Paulo - SP Brasil Tel/Fax (11) 3811-6777 www.editora34.com.br

Copyright © Editora 34 Ltda. (edição brasileira), 2016
Cogitamus © Éditions La Découverte, Paris, France, 2010

A fotocópia de qualquer folha deste livro é ilegal e configura uma apropriação indevida dos direitos intelectuais e patrimoniais do autor.

Capa, projeto gráfico e editoração eletrônica:
Bracher & Malta Produção Gráfica

Revisão técnica:
Stelio Marras

Revisão:
Nina Schipper, Beatriz de Freitas Moreira

1ª Edição - 2016 (1ª Reimpressão - 2020)

CIP - Brasil. Catalogação-na-Fonte
(Sindicato Nacional dos Editores de Livros, RJ, Brasil)

L383c   Latour, Bruno, 1947
         Cogitamus: seis cartas sobre as humanidades científicas / Bruno Latour; tradução de Jamille Pinheiro Dias. —
         São Paulo: Editora 34, 2016 (1ª Edição).
         216 p.

         ISBN 978-85-7326-634-4

         Tradução de: Cogitamus:
         six lettres sur les humanités scientifiques

         1. Filosofia francesa contemporânea.
         I. Pinheiro Dias, Jamille. II. Título.

CDD - 194

Cogitamus
Seis cartas sobre as humanidades científicas

Primeira carta...	9
Segunda carta...	37
Terceira carta...	71
Quarta carta...	103
Quinta carta...	143
Sexta carta...	177
Agradecimentos...	211
Sobre o autor	212

para D.H.

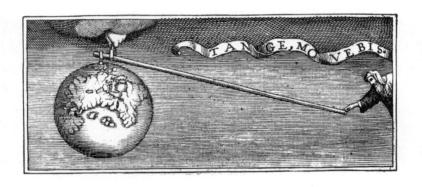

Gravura anônima reproduzida em
Pierre Varignon, *Projet d'une nouvelle méchanique*,
Paris, Chez la Veuve d'Édme Martin, Jean Boudot
et Éstienne Martin, 1687, p. 1.

Primeira carta

Prezada senhorita,

Desculpe-me não ter sabido responder de imediato às suas perguntas — e à sua inquietação, inclusive. Assim como você, sinto-me sobressaltado com todo este caos em torno da conferência de Copenhague sobre as mudanças climáticas. Ficamos com a impressão de que ela é extremamente importante, algo de que depende toda a vida na Terra, mas, ao mesmo tempo, parece — de maneira não muito clara — que as questões em jogo são muito amplas, vagas e incertas para que cheguemos a nos mobilizar de forma duradoura. Tampouco sei como escolher entre as trágicas previsões de determinados ecologistas, que falam de um mundo que está desabando diante dos nossos olhos, e as declarações tranquilizadoras que, para que não nos sintamos em apuros, dizem que temos que nos acalmar, depositando nossa confiança no desenvolvimento das ciências e das técnicas. Devemos escolher entre o Apocalipse e o futuro radiante? Acredito, antes, que precisamos retroceder um pouco, a fim de questionar de onde podem surgir sentimentos tão contraditórios. Foi por isso que tomei a liberdade de informá-la a respeito da existência do meu curso, no qual você não está inscrita — eu sei —, mas do qual posso, se você quiser, resumir o começo, de maneira que você esteja em plenas condições de começar a frequentá-lo sem dificuldades.

Saiba que o curso é totalmente baseado em uma leitura atenta da atualidade; restrinjo-me a dar aos meus alunos algumas noções de história, filosofia, sociologia para ajudá-los a identificar na massa de acontecimentos correntes aqueles que nos interessam. De algum modo, é como se eu me limitasse a oferecer a voz em *off* de um documentário sem interrupções. Depois, caberia aos alunos ter autonomia para lidar com essas noções, para compor sua própria documentação, elaborar sua própria opinião e redigir seus próprios comentários. Eu não os avaliaria por seus conhecimentos, mas sim por sua aptidão para mobilizar os instrumentos que lhes propus para avançarem em sua investigação pessoal.

Não sei se para você esse procedimento parece conveniente. Em todo caso, se o assunto interessar, aconselho que faça como meus alunos e crie um *diário de bordo*, que você poderá preencher de acordo com sua vontade, na maior frequência possível, com o intuito de incluir nele os documentos, juntamente com os acontecimentos que tenha encontrado, aos quais você agregará depois os comentários que o curso lhe suscitar. Minhas anotações não serão nada além de um estímulo para ajudá-la a avançar nesse diário. Por outro lado, eu também mantenho meu próprio diário, de modo que poderemos comparar com facilidade nossas conclusões. Para você está bem que procedamos dessa forma? Na medida do possível, irei comentar suas descobertas, responder às suas objeções e esclarecer as noções — não totalmente elaboradas, advirto desde já — que apresento nesse curso. Se necessário, podemos utilizar um site ou algum desses novos meios de comunicação digital que — de acordo com o que dizem — modificarão profundamente a pedagogia. Com o tempo veremos se são aptos a substituir o sistema de tutorias e a relação direta entre um docente e um estudante.

Ah, acabo de me dar conta de que ainda não comentei a respeito de que o curso de fato trata; é um pouco difícil defini-lo em apenas algumas palavras. Se você fosse fazer um curso de economia, grego antigo, estatística ou agronomia, seria mais fácil explicá-lo. Haveria nesses campos centenas, milhares de pessoas para ensiná-los e para acompanhá-los. Hábitos se estabeleceriam; você disporia de manuais, livros de exercícios, bibliografia. Infelizmente, ensino um domínio que não existe *verdadeiramente*; sou praticamente o único que o define dessa maneira: em suma, eu e — digamos — algumas dezenas de colegas, a quem quase em sua totalidade tenho o privilégio de conhecer![1] Por um lado, esse terreno é tão vasto que afeta a existência desde o princípio dos tempos e, por outro, tão reduzido que repousa sobre apenas um pouco mais de uma dúzia de conceitos. É isso que com frequência faz com que os estudan-

---

[1] O terreno dos *science studies* é bastante vasto, sobretudo em língua inglesa. A melhor introdução é a de Dominique Pestre (*Introduction aux science studies*, Paris, La Découverte, 2006), que inclui numerosas referências. Para uma versão bastante crítica, procure por Pierre Bourdieu, *Science de la science et réflexivité*, Paris, Raisons d'Agir, 2001. Para uma mais filosófica, mas muito sucinta, leia Isabelle Stengers, *Sciences et pouvoirs: la démocratie face à la technoscience*, Paris, La Découverte, 2002. Um pouco mais antigo e de acesso mais difícil, mas muito representativo a respeito de outras formas de fazer história das ciências, é o livro compilado por Michel Serres, *Éléments d'histoire des sciences* (Paris, Bordas, 1989; reedição, Larousse, *in extenso*, 1997). Você pode completá-lo com a excelente coleção de textos proposta por Jean-François Braustein, *L'histoire des sciences: méthodes, styles et controverses*, Paris, Vrin, 2008. O *Dictionnaire culturel des sciences*, dirigido por Nicolas Witkowski (La Tour d'Aigües, Éditions de l'Aube, 2003), contém um grande número de exemplos interessantes para os estudantes. Para os que leem sem dificuldades em inglês, a melhor coleção de artigos continua sendo a de Mario Biagioli, *The Science Studies Reader*, Londres, Routledge, 1999.

tes desistam. Eles se sentem aturdidos, tanto pela amplitude do assunto quanto por sua simplicidade. Sentiriam-se satisfeitos se eu pudesse defini-lo de maneira um pouco mais precisa.

Se eu disser a você que o curso aborda a questão "das ciências e das técnicas", terei bastante receio de apenas desanimá-la e fazer com que desista imediatamente de acompanhá-lo. Se alguém deseja mobilizar seus alunos, não há nada pior que lhes dizer que vamos "estudar as ciências e as técnicas". Deve-se reconhecer que grande parte das pessoas tem recordações péssimas de um ensino frequentemente deficiente... ao menos na França. Não sei como é na Alemanha, seu país. Talvez você tenha tido oportunidades melhores. O mais triste é que muitos dos meus alunos seguiram a orientação científica no colégio. Mesmo que sejam — como se costuma dizer — "bons em matemática", com frequência têm somente uma ideia fixa: fugir das ciências o mais rápido possível. Quanto às técnicas, elas lhes parecem ainda mais ingratas. "Tudo", dizem eles, "menos isso."

Pois bem. Eu, evidentemente, não ensino uma ciência nem uma técnica (minha capacidade de fazê-lo, aliás, seria mínima), mas sim as ciências e as técnicas *em suas relações* com a história, a cultura, a literatura, a economia, a política. Consequentemente, o que chamo de "ciências e técnicas" não tem quase nenhuma relação com aquilo que causa tanto temor nos alunos ou com o que os meios de comunicação apresentam ao público. Tampouco tem relação, é claro, com o que os cientistas celebram com frequência quando tentam reanimar o entusiasmo do povo a respeito do que às vezes se costuma denominar o "espírito científico" ou a "visão racional do mundo". Esse é o problema do meu curso: é necessário ir até o fim para compreender do que ele trata! E ainda se corre o risco de que, entre a primeira e a última aula, a boa vontade dos alunos se perca... Você ainda está aí ou já a perdi?

Bem, se você estiver de acordo, poderíamos começar por esta primeira dificuldade: as ciências e as técnicas são amadas ou detestadas porque demonstram ser disciplinas excessivamente *autônomas*. Para a maioria das pessoas, não vale a pena se interessar por elas exatamente por não terem relação com — o que chamam — a vida cotidiana, a cultura, os valores, as humanidades, as paixões políticas, em suma, tudo o que verdadeiramente as interessa. Por serem tão autônomos, esses campos se tornaram corpos estrangeiros. Uma pessoa culta, procedente das letras, do direito ou das humanidades, ou inclusive das ciências sociais, apenas se vinculará a elas para admirá-las, mas de longe. Sem dúvida, para outros, o que concede todo o valor às ciências e às técnicas é o inverso: "Felizmente", dizem eles, "as ciências permanecem absolutamente alheias às preocupações políticas, às disputas, à ideologia, à religião. Sua autoridade escapa a qualquer outra instância que não sejam elas mesmas. E esta é sua principal virtude: são verídicas (no caso das ciências) e eficazes (no caso das técnicas) precisamente porque são autônomas".

Aparentemente, portanto, há pleno consenso: as ciências e as técnicas são autônomas. "Infelizmente", diriam alguns; "felizmente", diriam outros. Em seguida, irão se separar: de um lado os "literatos" — como se diz na França — e do outro os "matemáticos". Essa é a situação habitual. A situação estabelecida de modo-padrão. Pois bem, o objetivo do meu curso é questionar essa ideia de autonomia das ciências e das técnicas. Você imaginava que era isso? Sim, sobretudo se já começou a preencher — como eu — o seu diário de bordo. (Atenção: não se esqueça de anotar sempre com o maior cuidado a fonte de seus documentos.) No início, não se preocupe: recorte com tranquilidade o que pareça ter relação com o tema conforme eu — bastante vagamente — o defini e se limite a sublinhar as passagens que você considera que têm uma relação qualquer com as ciências, as técnicas e as outras formas de vida. Não tente fazer um comentário brilhante de imediato. Veja, por exemplo, o que eu reuni nesses últimos dias. Apenas para ajudá-la a iniciar a tarefa, recortei os artigos e, abaixo, esbocei algumas sugestões.

Li no *Le Figaro* de 31 de julho de 2009: "*a gripe A (H1N1) está se tornando uma questão política*".

Aqui está uma questão relacionada à medicina, à virologia, um assunto verdadeiramente técnico apresentado por um jornalista que, aparentemente, não sabe senão que as ciências são autônomas e não devem se politizar. É o tipo de declaração que deve nos alertar: as relações entre as ciências e a política são um pouco mais complicadas do que aquilo que a versão oficial nos diz.

No *Le Monde* de 28 de agosto de 2009, encontro um anúncio publicitário do Fundo Mundial para a Natureza (World Wildlife Fund) que menciona o presidente Sarkozy, que afirma que a França "defende que o atum vermelho seja inscrito no anexo da convenção internacional sobre as espécies selvagens, para proibir sua comercialização".

Parece que os amantes de sushi terão que se preocupar se nosso hiperpresidente decidir interferir nas técnicas de pesca de seu peixe favorito. Nadarão os peixes nas águas sujas da política? Este é o tipo de documento que vai nos interessar muito porque mostra que a "natureza" não é mais autônoma e que, também nesse âmbito, as coisas são um pouco mais complicadas do que acreditávamos. Não hesite em recortar anúncios publicitários, tirar fotografias, transcrever conversas. Para nossos propósitos, nenhum desses formatos de informação é demais.

Também recortei, do *Le Monde* de 5 de setembro de 2009, um artigo muito interessante com um título bem provocador: "*A crise coloca em questão o saber e o lugar que ocupam os economistas*".

Nele, o jornalista acusa os economistas não apenas de não terem previsto a crise financeira, mas também de tê-la ampliado pela confiança excessiva que depositaram em uma macroeconomia "na melhor das hipóteses espetacularmente inútil e, na pior, decididamente nociva". O que chama particularmente a atenção é que se trata de uma citação de Paul Krugman, Prêmio Nobel de Economia e, além disso, cronista regular do *New York Times*...

Escolhi este exemplo para incitá-la a não se limitar aos temas de ciências naturais: a economia é uma ciência social, mas se estende por todas as partes e intervém em todos os aspectos da nossa vida, assim como a química ou a medicina. Toda controvérsia sobre seus objetivos e funções, sobre sua confiabilidade e poder de predição, nos interessa de forma direta.

Como você pode ver, manter um diário de bordo não é muito difícil, pelo menos no início. Ainda que, em teoria, pareça evidente que se deva "começar separando muito bem" as questões científicas das políticas, na prática o assunto não está tão claramente definido, ao menos no âmbito da imprensa. Tenho certeza de que você não terá nenhuma dificuldade em encontrar muitos exemplos desse tipo. As coisas se complicam quando há a tentativa de analisar as ligações — aparentemente bastante diferentes — que nosso diário de bordo vai multiplicando com muita rapidez. Dessa forma, deveremos passar de forma progressiva do simples recorte de documentos à investigação mais profunda e, depois, ao comentário. Como colocar em ordem, de um lado, o senso comum que — para regozijar-se ou lamentar-se — nos diz que as ciências são corpos estrangeiros e, por outro, esse mesmo senso comum que multiplica os exemplos das relações entre eles?

É precisamente este o objeto do primeiro curso que ofereço a meus alunos: *não se pode colocá-los em ordem*. Mergulhamos de modo ineludível em uma contradição da qual não é conveniente tentarmos nos evadir tão rapidamente... Não se pode fazer nada: torna-se necessário aceitar *os dois argumentos simultaneamente*. É inútil exclamar: "Isso são aberrações. As ciências devem se manter afastadas de todas essas questões indignas delas". Essa é a primeira noção que eu gostaria que os alunos absorvessem: tomemos como objeto essa contradição, esse discurso duplo, e nos esforcemos para não nos precipitarmos tomando partido imediatamente. Desaceleremos. Tenhamos paciência.

Acredito que você tenha avançado o suficiente em seus estudos para ter adquirido este hábito: diante de uma contradição a princípio insuperável, não mergulhar nela de cabeça, mas sim tomá-la como um objeto. Os antropólogos ingleses têm um princípio de método que resumem com o seguinte slogan: "*To learn how to transform resources into topics*", que poderia ser traduzido como: aprender a transformar o que habitualmente serve de explicação naquilo que, ao contrário, deve ser explicado. Esse princípio sempre me pareceu excelente. É como se tivéssemos, inadvertidamente, um conjunto de recursos já elaborados que nos servem para julgar, mas, com frequência, de forma excessivamente rápida e automática, por reflexo condicionado. Para começar a pensar com um pouco mais de seriedade, devemos nos esforçar para trazer à tona esses recursos, e colocá-los diante de nós, dissecá-los e ver no que consistem. É assim que opera a autonomia das ciências. Esse argumento nos parece indispensável para solucionar debates como os que acabamos de reunir em nosso diário de bordo; evidentemente, a utilidade dos ditos recursos continua em questão, e vemos uma vez ou outra que as circunstâncias a contradizem. Então, vamos colocá-los diante de nós; façamos deles o objeto de nossa análise.

Para ajudar meus alunos a compreenderem esse ponto, recorro a Plutarco e ao relato que ele desenvolve, em seu *Vidas paralelas*, a respeito do papel cumprido por Arquimedes no cerco de Siracusa.[2]

---

[2] Sobre o comentário a respeito desse acontecimento contado por Plutarco em seu livro *Vidas paralelas* — no capítulo sobre Marcelo e Pelópidas —, consulte também, de Michel Authier, "Archimède, le canon du savant", em Michel Serres (org.), *Éléments d'histoire des sciences*, cit., pp. 101-27. O excelente livro de Paul Sandori, *Petite logique des forces: constructions et machines*, Paris, Seuil, 1983 (em edição de bolso), pode servir de útil acompanhamento à cultura técnica.

Você dirá que é fácil recorrer a episódios tão conhecidos. Mas não se esqueça de que, em um curso, é necessário dramatizar adequadamente os argumentos: nada melhor do que uma vinheta, já que é conhecida por todos. Ademais, não deveríamos sempre, em um momento ou outro, retornar aos gregos? O que me interessa nesse relato é que ele oferece um exemplo claro de que há mil e oitocentos anos já existia, completamente pronto, o duplo discurso sobre a autonomia das ciências e das técnicas, e que, desde então, ele não se alterou significativamente.

Com certeza você se lembrará de que Hierão, o rei de Siracusa, mobilizou os talentos do maior sábio da época, Arquimedes, para que este organizasse a defesa da cidade contra o cerco imposto pelo general romano Marcelo (isso ocorre por volta do ano 212 AEC — antes da era comum). No entanto, o que às vezes se costuma esquecer é que, no início da narrativa de Plutarco, é Arquimedes quem toma a iniciativa de entrar em contato com o príncipe.

> Arquimedes havia escrito ao rei Hierão, seu parente e amigo, que com uma determinada força é possível deslocar um determinado peso e, inclusive, satisfeito com sua demonstração, declarou que se existisse outra Terra à sua disposição, ele poderia levantá-la. (Plut., *Mar.*, 14, 7)

Foi daí que saiu a famosa frase: "Dê-me um ponto de apoio e eu levantarei o mundo". Vemos que, nesta venerável história, Arquimedes, sumamente orgulhoso do descobrimento do princípio da alavanca, se jacta (não há outra palavra) diante do príncipe para fazer com que ele *se interesse* pelos seus trabalhos. Hierão, por sua vez, não pedia nada. Das alavancas do poder, certamente entendia tudo, mas sobre as da física ou da estática — as verdadeiras forças — nada podia dizer. Ou, se já tinha ouvido falar sobre elas, certamente não sabia como relacionar questões ditas obscuras da geometria com as situações concretas do poder que devia enfrentar todos os dias em seu palácio. Quanto à louca ideia de mover a Terra com uma alavanca de dimensões infinitas, não pôde senão ter-lhe parecido uma fanfarrice oca. Por outro lado, como todos os príncipes que ao longo da história se encontraram diante das elucubrações dos sábios, Hierão sem dúvida se alegraria por ficar surpreso com as proezas de seu parente e amigo, com a condição de que este provasse o que ele havia dito. Foi nesse momento que surgiu o célebre episódio do barco de três mastros movido sem esforço por um ancião:

> Hierão, maravilhado, solicitou a Arquimedes que realizasse uma demonstração de sua teoria, mostrando-lhe uma grande massa posta em movimento por uma pequena força. Arquimedes fez então com que fosse posto em terra, após enormes esforços de um grande número de homens, um barco de transporte de três mastros pertencente à marinha real.
>
> Após carregar o barco com muitos homens e abastecer os porões, Arquimedes sentou-se a certa distância e, puxando com um movimento tranquilo uma corda que acionava uma máquina com muitas roldanas, arrastou o barco sem sacudi-lo, tirando-o da água tão direito e estável como se ainda permanecesse no mar. (Plut., *Mar.*, 14, 8)

Que o experimento fosse irrealizável (por conta da fricção) não impede que esta seja (ao menos no relato de Plutarco) a primeira *experiência pública* durante a qual um sábio prova, diante de uma multidão reunida, um princípio da física. O que se coloca em cena é, sem sombra de dúvida, uma inovação técnica, mas note que também constitui uma séria *inversão da relação de forças*: um ancião — Arquimedes —, graças ao jogo de roldanas, consegue ser *mais forte* do que um barco com três mastros repleto de soldados e carga.

Não vou surpreendê-la se disser que, quando se fala de inversão da relação de forças, todo príncipe fica de orelhas em pé! Até a física mais obscura se torna verdadeiramente digna de interesse. A alavanca, em seu próprio princípio, já estabelecia — mas apenas no mundo da geometria e estatística — uma inversão da relação de forças mediante o cálculo dos vetores: estes possibilitam que uma grande distância e um pequeno peso de um lado sejam *comensuráveis* do outro lado com um grande peso e uma pequena distância (todos aprendemos isso na sexta série). Com a condição, é claro, de contar com um *ponto de apoio*, de um *fulcro*. Mas a experiência pública traduz uma expressão da geometria a um dispositivo técnico — o jogo de roldanas — cujo resultado concreto (imaginário, sem dúvida) é de que um homem sozinho pode dominar um grande número de marinheiros e soldados. "Nossa" — diz a si mesmo o rei Hierão —, "será que esse Arquimedes conseguiria inverter a relação de forças, não mais entre os lados grandes e pequenos, mas, dessa vez, entre os romanos e Siracusa?" Da geometria se passaria furtivamente para a geopolítica... Os dois tipos de força — e esta é a chave da história — também foram tornados *comensuráveis*.

E Plutarco estabelece a conexão de imediato:

O rei, estupefato, compreendendo a potência da ciência [em sentido literal, a potência da técnica], contratou Arquimedes para construir, prevendo toda espécie de cerco, máquinas tanto para a defesa quanto para o ataque. (Plut., *Mar.*, 14, 9)

Arquimedes se encontra, então, embarcado (mas deve-se dizer que *ele buscou isso*, em todos os sentidos...) em uma espécie de "miniprograma Manhattan" para a reorganização das defesas de Siracusa contra o exército de Marcelo. Ele sozinho defende Siracusa de todos os romanos. O princípio da alavanca se transformou na arma secreta dos siracusanos para calcular a mudança de escala das máquinas, a famosa poliorcética — ou ciência da defesa e do ataque das praças-fortes —, que ocupou os engenheiros por dois mil anos. Na continuação do texto, ao ter conseguido redimensionar todas as máquinas de guerra, Arquimedes adquire uma magnitude verdadeiramente pantagruélica:

> Marcelo concentrava seus soldados: "Não cessaremos — dizia-lhes — de guerrear contra esse geômetra Briareu [um gigante de cem braços e cinquenta cabeças], que usa nossos barcos como frascos para tirar água do mar, que eliminou de maneira aviltante nossa sambuca, atingindo-a em cheio, superando enfim os gigantes de cem braços da fábula, lançando-nos tantas flechas de uma só vez?". De fato, todos os demais siracusanos eram apenas o corpo do organismo criado por Arquimedes e ele era a alma, a que tudo punha em jogo e em movimento; as demais armas continuavam em repouso e a cidade fazia uso

apenas daquele grande homem para garantir a sua defesa e a sua salvação. (Plut., *Mar.*, 17, 1-2)

Inversão máxima da relação de forças: um ancião contra o exército romano — e os romanos derrotados! (Isso é ainda mais forte do que a poção mágica de Asterix!) Evidentemente, trata-se de um exagero grosseiro. É como se disséssemos: "Graças a sua fórmula e = mc², Albert Einstein fez o império japonês ajoelhar-se diante de si e ganhou sozinho a guerra no Pacífico". Mas o que me interessa não é esse exagero — no fundo, bastante bobo —, mas a continuação do relato de Plutarco, que nos deixa verdadeiramente estupefatos.

Tendemos a imaginar que, após semelhante demonstração de força, alguma celebração do poder da técnica e da ciência haveria acontecido. Ou que haveria sido suscitada uma grande meditação sobre o acordo profundo entre a política (um homem domina todos os demais invertendo a relação de forças mediante as alavancas metafóricas do poder) e a estática fundada na razão (todo peso, por menor que seja, pode levantar outro, tão grande quanto for, por intermédio de uma alavanca precisamente calculada). Pois bem, nada disso aconteceu. E aqui é que vamos encontrar, se não a fonte, ao menos a demonstração mais clara do discurso duplo que opera nesse relato e que eu queria sinalizar para você. Com uma única tacada, Plutarco apaga tudo o que havia dito antes e traça um retrato completamente diferente de Arquimedes:

> Arquimedes tinha um espírito tão elevado e tão profundo, e havia adquirido um tesouro tão rico em observações científicas, que não quis deixar por escrito nenhuma das invenções que lhe deram renome

e reputação de uma inteligência não humana, mas divina; é que considerava um ofício manual desprovido de nobreza toda ocupação da mecânica e toda arte aplicada às necessidades da vida, e consagrava seu zelo unicamente àqueles objetos em que a beleza e a excelência não se misturam a nenhuma necessidade material, aqueles objetos que não podem ser comparados com outros e nos quais a demonstração compete com o motivo quando este proporciona a grandeza e a beleza, e aquela, uma exatidão e um poder sobrenaturais. (Plut., *Mar.*, 17, 3-4)

Eis o que praticamente impossibilitou, até pouco tempo, todo estudo das ciências e sua história. Ato I: Arquimedes vai até Hierão para compartilhar com ele suas ideias mais loucas. Ato II: Hierão propõe a Arquimedes o desafio de comprovar a utilidade prática de suas ideias. Ato III: Arquimedes consegue realizar uma façanha tamanha que, sozinho, defende Siracusa dos romanos. (Marcelo, no fim, vence, mas por traição; se Arquimedes morre assassinado no fim, isso se deve a um triste erro de um soldado excessivamente diligente de Marcelo.) Ato IV: Arquimedes *não tem nada a ver* com nenhum tipo de consideração prática: apenas se interessa pela ciência pura, aquela cuja demonstração se apoia somente em si própria e que bem pode ser chamada de "sobrenatural". Você percebe a tarefa que nos espera? As humanidades científicas, se você quiser uma primeira definição, consistem em aprender a considerar *toda a obra*, e não apenas um de seus atos. No início, a ciência de Arquimedes é completamente autônoma (de fato, interessa apenas a ele e a alguns colegas espalhados pelo Mediterrâneo); em meio ao drama, essa ciência se encontra em absoluta continui-

·dade com a técnica e as questões de defesa; e, no fim, mais uma vez, é caracterizada por sua autonomia, a ponto de repousar apenas sobre si mesma. (Depois retornarei a essa questão da demonstração.)

Aqui, evidentemente, não nos encontramos diante de uma descrição histórica: Plutarco escreve aproximadamente três séculos após os acontecimentos de Siracusa e, como um bom platônico, transforma Arquimedes em frequentador do Céu das Ideias. No entanto, esse relato mítico em quatro episódios teve uma influência tão duradoura no pensamento ocidental que ainda hoje podemos detectá-lo, muito pouco modificado em seu todo. Na realidade, se o considerássemos em sua integralidade, ele deveria provar em que medida a autonomia das ciências é uma questão difícil, cheia de contradições e mistérios, mas ele é utilizado para avivar a distinção absoluta — e não relativa, provisória, parcial — entre a ciência e — digamos — o mundo da política. Ou seja, para relatar atualmente as proezas da física ou da biologia molecular, seriam utilizados exatamente os mesmos tropos que Plutarco usou para contar as proezas de Arquimedes. Nada mudou no emprego desse duplo discurso. Você compreende agora por que não nos serviria de nada tomar partido a favor ou contra a autonomia científica?

No meu curso, eu também retomo esse relato, mas na totalidade de seus atos, pois não quero reduzi-lo a apenas uma de suas fases. Se você estiver de acordo, pedirei então que faça como meus alunos e, de agora em diante, tenha presente os três seguintes "milagres", *sem separá-los*:

— Como é possível que um homem das ciências possa despertar interesse em um príncipe, visto que os domínios de ambos são completamente alheios entre si?

— Como é possível que esses domínios alheios sejam, contudo, suscetíveis a uma continuidade tão perfeita que possam se transformar em comensuráveis?

— Graças a qual terceiro milagre, ainda que se encontrem perfeitamente unidos, eles são apresentados como absolutamente incomensuráveis?

Aproveito a ocasião para apresentá-la a uma definição que não costumo compartilhar com os meus alunos com a finalidade de não lhes complicar a vida: digo-lhes que meu curso se chama *Humanidades Científicas* (o que não quer dizer muita coisa). Na realidade, o curso corresponde a um domínio com cuja criação contribuí e para o qual utilizamos — inclusive em francês — a expressão *"science studies"* ou *science and technology studies*, por vezes sendo denominado também "sociologia das ciências".[3] Você com certeza perceberá que *science studies* tampouco diz muito, exceto por ser a tradução para o inglês de uma palavra bastante usual, de origem grega: *epistemologia*. Por que então não dizer que dou um curso de epistemologia? Em primeiro lugar, porque faria com que os estudantes fugissem de mim... mas, além disso, porque esse termo acabou por de-

---

[3] Existem muitos manuais sobre o domínio da sociologia das ciências, entre eles o de Dominique Vinck, *Sciences et société: sociologie du travail scientifique*, Paris, Armand Colin, 2007, e o mais tradicional de Michel Dubois, *Introduction à la sociologie des sciences*, Paris, PUF, 1999. Os estudantes interessados em uma apresentação mais avançada podem ler, de Bruno Latour, *La science en action: introduction à la sociologie des sciences*, Paris, La Découverte, 2006 [ed. bras.: *Ciência em ação: como seguir cientistas e engenheiros sociedade afora*, São Paulo, Editora Unesp, 2000]. Estudos mais profundos podem ser consultados nas revistas (em inglês) *Social Studies of Science* e *Science, Technology and Human Values*.

signar, sobretudo na França, um esforço para *extirpar* das ciências toda conexão com o restante das disciplinas. Na perspectiva de um epistemólogo francês formado na escola de Gaston Bachelard (1884-1962), para poder chegar a ser verdadeiramente científica, uma ciência deve se despojar pouco a pouco de toda aderência que ameace invalidá-la ou pervertê-la.[4] Isso seria equivalente a considerar apenas o Ato IV do relato de Plutarco e esquecer de Hierão, de Marcelo, da alavanca e das inversões da relação de forças que esta permite. Eu poderia, certamente, dizer que ministro um curso de *epistemologia política*; a expressão se ajustaria de modo excelente ao que faço, mas quem me compreenderia? Portanto, mantenho certa bruma em torno da questão, e por fim, acostumei-me a humanidades, essa bela palavra que durante tanto tempo serviu para definir a educação e que tem um cheirinho bom de Renascimento... (Diga-se de passagem, nos últimos tempos desenvolvi certa afeição pelo século XVI, assunto sobre o qual voltarei depois.)

A esta altura, você já sabe, exceto por alguns poucos detalhes, do que trata a matéria do primeiro curso. Sempre tento passar de um exemplo concreto — neste caso, a vinheta de Plutarco — para um conceito mais geral, que deve permitir aos

---

[4] Para compreender a diferença entre a epistemologia e os *science studies*, pode-se ler o bastante útil e clássico livro de Alan Chalmers, *Qu'est-ce que la science?*, Paris, Le Livre de Poche, 1990 [ed. bras.: *O que é ciência, afinal?*, São Paulo, Brasiliense, 1993]. Para entender o contraste com as humanidades científicas, pesquise, de Gaston Bachelard, *La formation de l'esprit scientifique*, Paris, Vrin, 1967 [ed. bras.: *A formação do espírito científico*, Rio de Janeiro, Contraponto, 1996], que pode ser comparado com Steven Shapin, *La révolution scientifique*, Paris, Flammarion, 1998.

alunos aplicarem-no no que puderem encontrar na atualidade. O primeiro conceito que ofereço a vocês é o de *tradução*. Pego emprestado o termo do filósofo Michel Serres, que, há cerca de trinta anos, renovou profundamente a história das ciências, vinculando-a — graças àquela noção — às humanidades, isto é, às literaturas grega e latina, mas também à poesia. Darei a você, se estiver interessada nisso, referências mais avançadas.[5] Mas, a meus alunos, proponho que substituam a ideia de um corte entre as ciências e o restante da existência (separação que, como acabamos de ver, não faz jus nem sequer aos acontecimentos míticos) pelas noções de *desvio* e *composição*. Tenho a pretensão, talvez um pouco exagerada, de que o curso pode se sustentar nessas duas únicas noções. (Em outras palavras, poderei dizer, ao modo de Arquimedes: "Dê-me os conceitos de *tradução* e de *composição* e levantarei o mundo".)

Para facilitar a compreensão, emprego um esquema bastante elementar (e apenas para constar, você poderá encontrar outros ou abandoná-lo de imediato). O importante é substituir a metáfora da cisão necessária entre ciência e política por outra metáfora, outra encenação, se você preferir, mediante a qual possamos representar os episódios sucessivos das relações, para prolongar meu exemplo, entre Arquimedes e Hierão. Eu

---

[5] Michel Serres descreve muito bem o conceito de *tradução* em *La traduction* (*Hermès III*), Paris, Minuit, 1974. Este autor desenvolveu amplamente a temática das humanidades científicas em livros que não são de fácil acesso, mas que merecem o esforço dos estudantes, em particular quanto a *L'origine de la géométrie*, Paris, Flammarion, 1993 (1998, em edição de bolso); *Le contrat naturel*, Paris, Bourin, 1990 (edição de bolso, Flammarion, 2009) [ed. bras.: *O contrato natural*, Rio de Janeiro, Nova Fronteira, 1991], e *Le tiers-instruit*, Paris, Bourin, 1991 (em edição de bolso, Gallimard, 1992); este último é provavelmente o mais próximo do espírito deste livro.

gostaria de fazer com que você se acostumasse a compreender — como faço com meus alunos — que um determinado curso de ação sempre é *composto* por uma série de *desvios* cuja interpretação, posteriormente, define uma *defasagem* que dá a medida da tradução. E uma tradução, certamente, sempre é fonte de ambiguidade (esta é a vantagem do termo). Dito dessa maneira, de supetão, parece complicado, mas você logo perceberá que, na verdade, é bastante simples (Figura 1.1).

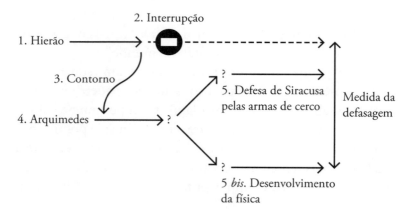

Figura 1.1
Esquema de base
de uma operação de tradução.

Comento o esquema para que você compreenda como vamos tecer essas questões de tradução. Hierão percorria seu caminho com retidão, o caminho dos príncipes habituados aos arcanos do poder, mas não sabia como sobreviver ao invasor romano (seta tracejada). Esse era seu maior objeto de preocupação. Surge Arquimedes, que lhe propõe uma nova versão, uma nova tradução dessa inquietude. Como se apresentaria o problema de Hierão a partir da perspectiva de um físico? "Você não poderá defender Siracusa — e, portanto, completar seu curso de ação —, a não ser que aceite fazer um *contorno* — isto é, um desvio —, *passando* por minhas pesquisas esotéricas sobre geometria e estática" (etapas 2, 3 e 4). Entre Hierão e sua meta, Arquimedes situa — eu me atreveria a dizer dessa forma — uma placa de sentido proibido e lhe propõe desviar seu caminho e aceitar suas ideias sobre a física das armas de cerco.

Nesse desvio há — acabo de demonstrar a você — uma promessa, mas também um risco. A promessa consiste em que se deve assegurar ao príncipe que ele chegará da mesma forma à meta inicial, mas, dessa vez, equipado com as máquinas da poliorcética renovadas por Arquimedes: Siracusa será, dessa maneira, defendida pelos exércitos do príncipe *associados* à geometria (etapa 5). Entretanto, também existe um risco: não recuperar o objetivo inicial (agora *composto* pelos interesses *conjuntos* de Hierão e Arquimedes). Como acontece com todos nós: certamente ao dirigir você já deve ter sentido uma ligeira angústia ao encontrar na estrada uma placa dizendo "Desvio"; sempre se corre o risco de perder a continuidade e se extraviar no caminho. E é isso o que o apólogo de Plutarco nos indica: na verdade, Arquimedes não perseguia outro propósito que não o seu próprio, o desenvolvimento de uma pesquisa pura em geometria (etapa 5 *bis*). Dizendo de forma mais clara: a ação composta por um desvio mais ou menos longo oferece agora uma grande defasagem entre, de um lado, a defesa de Siracusa, e, do outro, as demonstrações sem nenhuma aplicação prática (daí a existência da seta vertical que dá a medida da ambiguidade). Pois bem, essa defasagem é o que se deve levar em conta: ou Hierão, para atingir *os seus objetivos*, mobiliza Arquimedes, ou Arquimedes consegue desviá-lo de suas metas em benefício *das suas próprias*. Você verá por que motivo falo sobre composição: no fim, esses encadeamentos tecem a ação e esta se assemelha a um folheado de preocupações, práticas e línguas diferentes: as da guerra, da geometria, da filosofia, da política. Traduzir é ao mesmo tempo transcrever, transpor, deslocar, transferir e, portanto, transportar transformando.

A vantagem deste pequeno esquema é que já não precisamos abordar a ciência e a política como dois conjuntos desconexos que se olhariam de frente e cuja intersecção comum seria necessário procurar. Temos, por outro lado, dois tipos de atividades que, de modo geral, seguem a mesma direção e cujos percursos vão se misturar e desenredar com o passar do tempo. Na verdade, a ação é sempre composta, e a soma dessa composição tem caráter ambíguo. Esse resultado nos será muito útil depois, no momento em que abordaremos o labirinto das técnicas (se você aceitar me seguir até tal ponto). Além disso, ele permite que eu dê um sentido um pouco mais preciso à noção de *interesse* ou — de forma mais exata — de *"interessamento"* [*intéressement*].[6] Sem dúvida, você deve se lembrar de que em latim o interesse é o que se situa entre duas coisas: *inter-esse*. Arquimedes *interessa* a Hierão porque se coloca, se introduz entre este e sua meta: defender Siracusa. As ciências serão ou não *interessantes* de acordo com sua aptidão para se associar a ou-

---

[6] Em francês, *intéressement* abrange o sentido de incentivo, como no caso de um acordo entre os funcionários de uma empresa sobre a participação nos lucros e resultados obtidos por ela. Sobre o alto rendimento da noção nos *science studies*, ver o já clássico artigo de Michel Callon: "Some Elements of a Sociology of Translation: Domestication of the Scallops and the Fishermen of St. Brieuc Bay", em *Power, Action and Belief: A New Sociology of Knowledge?* (organizado por John Law), Londres, Routledge & Kegan Paul, 1986, pp. 196-233.

tros cursos de ação, para alcançar a aceitação dos desvios necessários, para cumprir suas promessas e — operação sempre delicada — para se fazer reconhecer depois como a fonte principal do conjunto (que, contudo, em todos os casos, é composto). Os interesses nunca se dão logo de cara, mas — pelo contrário — dependem da composição.[7]

Sem dúvida, por ter sido depurado, meu exemplo mitológico agora ficou muito simplista. Escolhamos outro mais próximo aos alunos: o da pílula anticoncepcional. Em sua utilização, hoje comum para a maioria das mulheres jovens, escondem-se, por uma sucessão bastante vertiginosa de desvios e composições, a militante feminista Margaret Sanger (1879-1966), bem como Katherine Dexter McCormick (1875-1967) — viúva herdeira da imensa fortuna do fabricante de tratores de mesmo sobrenome —, o grande químico Gregory Pincus (1903-1967) e a família de moléculas chamadas "esteroides", que este químico, junto com diversos outros, contribuiu bastante para analisar, sintetizar e transformar em uma pílula cada vez mais bem dosada.[8] Para esclarecer a noção de tradução, resumo para você uma longa história cuja importância para os costumes é infinitamente maior que a de Arquimedes para Siracusa e que está muito bem inserida, oculta — e, portanto,

---

[7] Sobre o desenvolvimento do conceito de *tradução* na sociologia das ciências, o leitor pode se remeter aos textos reunidos por Madeleine Akrich, Michel Callon e Bruno Latour, *Sociologie de la traduction: textes fondateurs*, Paris, Presses des Mines, 2006.

[8] Sobre esta história, utilizo o excelente informe (em francês) de *Les Cahiers de Science et Vie*, nº 10, 1992 (aliás, toda a série de *Cahiers* desses anos é notável). Para saber mais, no entanto, é conveniente conseguir o bastante acessível livro de Elaine Tyler May, *America and the Pill: A History of Promise, Peril, and Liberation*, Nova York, Basic Books, 2010.

ignorada — na utilização cotidiana da pílula por dezenas de milhões de mulheres.

Sanger tenta tirar da infelicidade centenas de mulheres que sofrem com o peso da gravidez não desejada. Ela não é química, mas conhece Pincus de nome e se interessa pela nascente endocrinologia. Pincus, por sua vez, estaria disposto a se lançar ao assunto, mas não conta com nenhum dos meios materiais necessários para fazê-lo e resiste — como muitos pesquisadores homens — a perverter sua ciência com esses horríveis "segredos de senhoras". Quanto a McCormick, ela tampouco é química nem realmente feminista, mas, sim, imensamente rica. Quem atua? Quem é o responsável? Quem descobriu a pílula? Evidentemente, a história poderia ser contada como a irrupção dos esteroides que depois "impactarão" — como se diz agora — a sociedade e os costumes. Mas se os esteroides não tivessem *interessado* — no sentido que acabei de definir — a ninguém além dos químicos, a ação teria sido composta apenas de forma parcial. Em todo caso, não se teria *passado pela* química para resolver a questão dos nascimentos não desejados, mas sim — como se vinha fazendo até esse momento — apelando para a moral, a religião e as agulhas de tricô, com os imensos perigos que estas últimas implicavam para as mulheres pertencentes às camadas populares.

Como funcionaria, diante desta história — admito que muito grosseiramente resumida —, meu pequeno esquema? Irão se multiplicar as diferentes camadas, cada uma correspondente a um curso de ação diferente precedido e seguido por numerosos desvios. Em seu momento, cada um desses desvios modifica o objetivo inicial e compõe uma ação coletiva, na qual devem ser considerados o estado dos costumes, o ativismo de Sanger, o dinheiro de McCormick, as ligações químicas dos átomos dos esteroides, as mudanças na legislação, os debates mantidos no Congresso a favor e contra a pílula, as competências da indústria química, as reações das usuárias, a qualidade do acompanhamento médico etc. (Figura 1.2).

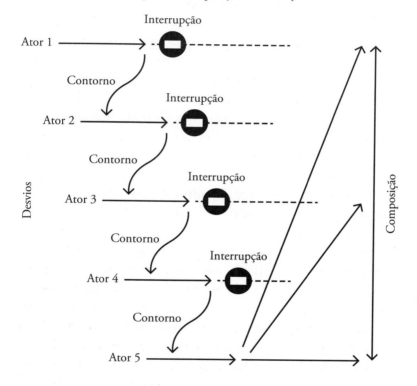

Figura 1.2
Generalização do esquema
que representa as operações de tradução.

Compreendemos bem então que, em relação a essa sucessão de desvios e encaixes, a questão de saber quem, afinal, é o responsável pelo movimento do conjunto se torna em todos os sentidos secundária (veja, no desenho, a seta vertical à direita). Por quê? Porque isso só pode ser claramente reconhecido *depois* dos movimentos de desvio e composição. Um historiador das ciências também poderia dizer que, sem o trabalho das ativistas, a química nunca teria sido vinculada às questões da reprodução, ou que, sem uma mudança na legislação, as inovações da indústria química nunca teriam passado do estágio de protótipo; mas, com a mesma razão, poderia afirmar que "tudo se baseia" no descobrimento dos esteroides. Apenas de forma retrospectiva — e mesmo quando isso se mantiver sempre no plano da conjectura — é possível avaliar o papel dos diferentes atores para compreender suas motivações.

Você se dará conta de por que é impensável partir de um domínio recortado de antemão, categorizado previamente — que teríamos chamado de "as ciências" —, depois de outro domínio pré-categorizado — que teríamos chamado de "a época", "o estado da sociedade", "o meio intelectual" ou o *Zeitgeist* (esta é, infelizmente, e me desculpo por isso, uma das poucas palavras que sei em alemão) —, para, em seguida, se perguntar se eles podem ou não ter relação. A famosa autonomia das ciências — que deve ser defendida a qualquer custo ou contestada como uma velharia — não é mais que uma forma de recorte arbitrária e tardia que apenas consegue isolar certos elementos nesses jogos de traduções e de "interessamentos", para colocá-los depois em um cara a cara incompreensível. Diante desta divisão, não se pode senão fazer perguntas que sabemos que não têm solução: "Que intersecção pode existir entre os esteroides e os costumes?". A resposta só pode ser: "Nenhuma". Na realidade, estes não são dois domínios isolados que precisaríamos tentar justapor, mas, sim, dois ramos do mesmo organismo que se desenvolveram juntos. As trajetórias dos costumes e dos esteroides se cruzaram e recruzaram de tal forma que acabaram compondo outra maneira de se reproduzir para uma parte da espécie humana.

Você verá que — como quem não quer nada — avançamos bastante, visto que substituímos uma pergunta insolúvel por um programa de pesquisa perfeitamente empírico. Graças a ele vamos poder seguir — tanto quanto formos capazes — as sinuosidades da ação coletiva que, por desvios e composições, vão embaralhar elementos de origens muito diferentes. Tinha, portanto, razão quando a convidei para transformar a noção de autonomia das ciências — que talvez, até então, você considerasse um recurso indispensável para julgar a atualidade — em um objeto de estudo que deve ser posto em questão com seriedade. Também espero que você compreenda por que não digo aos meus alunos que meu curso "trata" das ciências e das técnicas. Não é apenas porque os faria fugir! Não faço isso também porque nunca ninguém foi capaz de separar, na sobreposição de traduções, algo que seriam "as ciências" — e que tivesse margens bem delimitadas — e uma história própria, que poderíamos em seguida decidir vincular ou não a outras histórias (a do mundo, a dos costumes, a da economia etc.). É daí que vem a expressão, muito bonita, *humanidades científicas*. (De toda forma, darei a você uma definição das ciências... mas isso será no último curso!)

Esperando que este último desvio não dê a você a impressão de afastá-la demais de sua pergunta inicial, desejo-lhe uma boa leitura.

Seu professor etc.

Segunda carta

Estimada aluna,

Não se preocupe. Compreendo perfeitamente que tenha perdido também o segundo curso por conta das demandas de suas outras aulas. (E obrigado por sugerir que eu estude alemão a sério!) Também entendo sua objeção; de fato, é uma opinião frequente entre os universitários que a história das ciências e das técnicas deva continuar ocupando um setor à parte. Mas não acho que seja necessário chegar à conclusão de que estou cometendo um erro ao ensinar o oposto: seus contra-argumentos são, infelizmente, vítimas de um preconceito demasiadamente difundido. É aí que se baseia, na verdade, o sentido de meu segundo curso, de modo que também irei resumi-lo. Encontro confirmação disso, inclusive, nas notas do seu diário de bordo (agradeço por tê-las enviado para mim).

Quanto ao exemplo que você cita a partir do *Le Monde* de 25 de agosto de 2009, "*Escassez de reatores ameaça o diagnóstico médico por imagens*", esboço alguns breves comentários. Quem duvidaria de que os exames médicos mais avançados poderiam depender de cinco reatores nucleares, todos já obsoletos, estando um deles, no Canadá, em conserto e sendo o único que produz um radioelemento de curta duração de vida — o tecnécio — indispensável para o bombardeio de alvos celulares?

Aqui temos um modelo excelente para ilustrar um caso particular desse empilhamento de traduções sobre o qual falava a você na carta anterior. Você faz bem ao apresentar, graças a esse documento, a noção — à qual ainda não me referi — de *sistema técnico*: sem esse radioelemento fica suspenso todo o encadeamento das traduções. Como veremos depois, o valor de uma cadeia se prende ao menor de seus elos.

Também acho estupendo o exemplo tirado do *International Herald Tribune* de 26 de setembro de 2009, "*Philips ahead in reinvention of light bulb*" [Philips à frente na reinvenção da lâmpada elétrica], porque nos faz entrar em um assunto sobre o qual os alunos deverão tratar profundamente: o caráter duplamente político das novas tecnologias chamadas "verdes". Eu sabia da existência de uma polêmica quanto às novas lâmpadas fluorescentes — são caras e difíceis de reciclar —, mas desconhecia que muitas pessoas estavam voltando a utilizar as lâmpadas incandescentes e que o Departamento de Energia estadunidense considera que a substituição das antigas lâmpadas nos Estados Unidos foi "*um desastre*". Atualmente não sabemos mais se por "lâmpadas antigas" estão aludindo às incandescentes — cuja invenção remonta a Edison —, às novas fluorescentes ou às ainda mais novas, que vão substituir as segundas.

Com certeza o tempo já não corre apenas em um sentido, e você observará que este exemplo não é isolado, visto que se repete em quase todas as controvérsias ecológicas.

Seguindo a mesma linha, encontrei esta tira que ilustra a mesma incerteza quanto à direção exata da frente de modernização. Ela fala por si:

pessin trois fois rien

Primeiro quadrinho: "Em um futuro mais ou menos distante..."
Segundo quadrinho: "... nossos antigos sopradores de folhas mortas, pesados e crepitantes, poluentes e ineficazes..."
Terceiro quadrinho: "serão provavelmente substituídos por novos aparelhos sustentáveis."

Pessin, "Três vezes nada" (*Le Monde* 2, 18/10/2008)

Parece-me muito bem escolhido o artigo do *Le Monde* de 28 de setembro de 2009: "*Aqueles que ditam as normas contábeis devem medir 'sua responsabilidade coletiva'*". "A reforma das normas contábeis internacionais, acusadas de terem ampliado os efeitos da crise, estava na agenda do G20 [...] França, Alemanha e mais globalmente a União Europeia tomaram em 2002 a decisão de delegar sua normalização contábil a uma entidade internacional independente."

Você faz bem em se interessar pelas técnicas aparentemente *soft*, como a contabilidade, pois, na prática, sua influência pode ser muito maior que a de um dispositivo físico ou químico. Também acerta em sinalizar que, graças à estandardização, sua extensão pode vir a ser imensa. A estandardização é um fenômeno-chave — e não é a atenção de uma alemã que devo chamar quanto a isso, visto que Munique, com sua organização DIN [Deutsches Institut für Normung], reina sobre as normas e os padrões de toda a Europa. Quando se fala na universalidade das ciências, é preciso não se esquecer jamais das redes de estandardização.

Acrescentarei com prazer um exemplo em que você talvez não tenha pensado: "*Subúrbios: o modelo comunitário estadunidense atrai os sociólogos franceses. Os especialistas de política urbana destacam os limites da gestão francesa dos bairros*" (*Le Monde*, 26 de setembro de 2009). "Um colóquio organizado na sexta-feira, 25 de setembro, na École Normale de Lyon, mostra que uma parte dos sociólogos franceses observa atualmente com interesse a capacidade que as cidades estadunidenses têm de mobilizar seus habitantes com o intuito de favorecer sua participação nos bairros difíceis. E destaca, ao contrário, a 'grande debilidade' da política urbana na França."

A sociologia é certamente uma ciência *soft*, mas aqui somos advertidos quanto à enorme importância que ela pode adquirir — como a contabilidade, no exemplo anterior — visto que ela irá influenciar os especialistas, e estes, por sua vez, influenciarão os funcionários públicos e as medidas políticas que tendem a abordar a crise dos bairros periféricos. A notícia é relevante porque na nossa pesquisa todas as ciências — pequenas ou grandes — contam; além disso, toda ocasião em que se possa ressaltar a atividade dos especialistas, assim como os conhecimentos especializados, deve ser registrada no diário de bordo.

Sem dúvida você acertou ao recortar o seguinte artigo: "*Em Ivry-sur-Seine, durante três meses, debateu-se publicamente sobre o projeto de um novo incinerador. Os cidadãos estão convidados a expressar sua opinião sobre o futuro centro de tratamento de resíduos da região de Île-de-France*". Eu também o havia selecionado no mesmo número de 26 de setembro de 2009 (recortei quase metade desse exemplar, havia tanto material!).

Essa correspondência entre expressões como "debate público" ou "cidadão" e termos aparentemente apenas técnicos, como "incinerador", constitui verdadeiramente uma tendência da época, que supõe — você tem razão ao destacá-lo — uma nova vinculação com a política. Diferentemente de Hierão, que não debateu com os siracusanos para saber se eles aceitariam ou não se defender com as bestas de Arquimedes...

Se eu considerar os elementos reunidos um pouco ao acaso em nossos respectivos diários de bordo, diria que, tanto para mim quanto para você, está cada vez mais difícil não *recortar tudo*. Aliás, é assim que meço o progresso dos meus alunos e, com frequência, é isso que eles reprovam em mim: em algumas semanas, têm vontade de selecionar tudo e se sentem um pouco afogados. Perfeito, esse é o objetivo. Já disse a você: a matéria do meu curso não tem fronteiras bem definidas. E em particular me importa que tomem consciência disso: as ciências e as técnicas se estendem por toda parte, de uma forma — eu me atreveria a dizer — "intersticial", como os filamentos de gordura do *jambon persillé*, de que tanto gostamos em minha terra (perceba que sou borgonhês...). Esta é a razão pela qual os exemplos começam a pulular, se pegarmos como princípio de seleção a seguinte regra de método: durante quanto tempo um curso de ação qualquer pode prosseguir — quantas linhas de um artigo, quantas frases de uma conversa — sem que seja mencionada de forma mais ou menos explícita a interposição (a tradução) de uma técnica ou de uma ciência (*hard* ou *soft*, natural ou social)? Admito que, em algumas ocasiões — se se tratar das dores de amor de uma atriz ou de um falatório sobre um político —, é possível chegar ao fim do artigo sem que seja encontrada a menor alusão a um saber especializado ou a alguma espécie de técnica. Mas é raro, e talvez seja isso que importa, ainda que seja difícil prová-lo, *cada vez mais raro*.

Como os alunos são muitas vezes ignorantes quanto à dimensão material de sua existência cotidiana, vejo-me obrigado a chamar primeiramente a atenção deles para um fenômeno tão difundido quanto invisível. Em matéria de técnicas, todos somos — suponho que você também — idealistas. Mesmo dependendo totalmente delas, parece que flutuamos por cima delas. Justamente, sua enorme eficácia se deve ao fato de que os desvios por meio dos quais elas se introduzem em nossos cursos de ação desaparecem muito rapidamente no momento em que nos habituamos a elas. Para que os desvios e as composições da ação voltem a ser visíveis aos olhos dos alunos, é necessário submetê-los a uma *provação* particular.

Insisto bastante nesta noção de *provação*, a segunda grande noção que, após a de tradução, tento incutir-lhes. Não quero entediá-la com isso — sobretudo porque sei que você avançou o suficiente nesse terreno —, mas informo que costumo indicar a meus alunos uma série de exercícios que permitem tirar partido de uma variedade de provas no curso das quais se revela, de forma muito clara, como se encaixam os desvios e as composições. Com efeito, os estudantes descobrem muito rapidamente que há inúmeras situações de provação capazes de revelar o desvio técnico. Essas situações podem proceder das inovações, que introduzem um novo objeto em um ambiente para o qual as mentes ainda não estão preparadas; de um deslocamento no tempo ou no espaço, que apresenta dispositivos que não correspondem nem à própria cultura nem aos próprios hábitos; da arqueologia, que desenterra artefatos que ninguém sabe como eram usados ou para que serviam; e até mesmo da ficção, quando um romancista hábil cria mundos materiais que contrastam completamente com os usos e costumes de nossa vida atual. Mas, para os alunos, o exemplo mais simples de descrever continua sendo o da *pane*.[1]

---

[1] A respeito da análise sociotécnica existe bem pouco material acessível em francês, mas é aconselhável ver os exemplos do livro coletivo compilado por Madeleine Akrich, Michel Callon e Bruno Latour, *Sociologie de la traduction: textes fondateurs*, cit. E, em inglês, os artigos clássicos reunidos em Wiebe Bijker e John Law (orgs.), *Shaping Technology, Building Society: Studies in Socio-*

Suponhamos, por exemplo, que uma pessoa planeja escrever um artigo; abre seu computador e... *paf, bug, gap*, crise, fúria: se vê obrigada a sair de sua rotina habitual, vai ao *helpdesk* da universidade ou à assistência técnica. A pessoa foi tirada de seu próprio lugar — e do sério —, forçada a passar por uma série de outras pessoas, outras linguagens, outras competências. E acontece que, caminhando assim, à deriva, cada vez mais longe da meta inicial, ela vai traçando, sem se dar conta, o caminho de uma nova tradução. É uma experiência comum e enervante, mas também cheia de ensinamentos (eu aconselho meus alunos a, quando algum aparelho quebrar, registrarem tudo em seus diários; neste caso, também é importante cada detalhe). Esse é, de fato, um dos momentos privilegiados para advertir — novamente — não apenas em que medida dependemos das técnicas — o que seria banal —, mas também *por meio de qual percurso exato* essa dependência é estabelecida. Esse caminho é muito estranho porque é invisível quando tudo vai bem — nem sequer temos consciência de que há um computador entre nós e nosso projeto de escrever um trabalho —, mas, quando as coisas começam a ir mal, ele revela uma espécie de folheado, com frequência vertiginoso, de camadas sucessivas, em que cada crise dentro da crise mostra que existe em nosso rumo um novo *componente* que pode interromper o cur-

---

technical Change, Cambridge, Massachusetts, MIT Press, 1992. A coleção de artigos de Donald MacKenzie e Judy Wajcman, *The Social Shaping of Technology*, 2ª edição, Milton Keynes, Open University Press, 1999, continua excelente. Para exemplos acessíveis, pesquise, de Bruno Latour, *Petites leçons de sociologie des sciences*, Paris, Seuil, "Points", 1996, e, sobre um estudo muito mais detalhado, *Aramis, ou l'amour des techniques*, Paris, La Découverte, 1992.

so de ação. As noções de desvio e composição nos serão úteis para seguir a pista tanto das técnicas quanto das ciências.

Ontem, na aula, utilizei meu próprio exemplo: na quarta-feira passada não estava conseguindo me conectar com o serviço de *wi-fi* da escola e, por isso, fui falar com Franck no *helpdesk*. Visto que meu curso de ação havia sido interrompido, me vi obrigado a passar por essa instância. Encontrava-me, então, não mais diante do meu computador, mas, sim, diante de um computador *mais* um engenheiro competente. A cadeia de associação tinha mais um componente e havia se tornado *social* (por Franck) *e técnica* (pelo computador). O que me pareceu divertido — e que foi a razão por que anotei e até fotografei esse episódio para inserir em meu diário de bordo — é que nem mesmo Franck conseguiu solucionar o problema e teve que chamar Greg... Franck se viu, então, diante de seus próprios objetivos — tirar-me do problema —, na mesma posição que eu com meu computador: interrompido e obrigado e a fazer um *contorno*, chamando Greg para lhe ajudar. E o que ocorreu, então? Pois bem, juro para você que não estou mentindo: Greg também não conseguiu dar um jeito no problema! Depois foi a vez de Manu: chamado com urgência pelo telefone para que viesse ao resgate, irrompe no escritório. Nesse momento, descubro outra faceta de meu pobre computador — até aquele momento, a meu ver, um simples objeto técnico, sem humanidade, vê-se rodeado de um grupo de técnicos (cada um deles com uma opinião diferente, fazendo sair dele dispositivos e programas de cuja existência eu não suspeitava... nem eles, ao menos a princípio...). De *simples*, meu computador passou a ser *múltiplo*; de unificado, transformou-se em desunido; de imediato, passou a ser mediato; de rápido, converteu-se em lento (o tempo passa: espero uma, duas horas e, no fim, tenho que voltar para casa *sem* meu computador...). Em uma palavra: de técnico, o objeto virou *sociotécnico*, visto que agora está sendo manipulado por um pequeno grupo de pessoas em desacordo parcial que o submetem a todo tipo de provas, a fim de entender de que diabos ele pode ser feito.

Evidentemente, o exemplo é simplíssimo e, ao mesmo tempo, extremamente instrutivo, pois mostra a estranha aritmética dos dispositivos técnicos que nos fazem passar em poucos minutos de *zero* — nem sequer nos damos conta da existência de um instrumento entre nós e nossos objetivos — a *indefinido* — não é mais possível ver o fim dos dispositivos encadeados uns aos outros.[2] Isso se assemelha a quando os alunos têm a "sorte" de ficar doentes durante o semestre, o que permite observar como se revelam os componentes de seu organismo e a quantidade de especialistas encarregados de fazer com que um se sobressaia em detrimento do outro; quando isso ocorre, peço a eles que fiquem atentos, sobretudo se os médicos não entrarem em acordo quanto à maneira exata de curá--los, o que ocorre com cada vez mais frequência.

Aliás, nesta ocasião posso também retomar o diagrama do meu curso anterior (Figura 2.1); não se trata aqui de uma his-

---

[2] No limite das ciências cognitivas, os livros de Don Norman estão cheios de simples e reveladores exemplos de análises sociotécnicas, sobretudo *The Design of Everyday Things*, Cambridge, Massachusetts, MIT Press, 1998, e *Things That Make Us Smart: Defending Human Attributes in the Age of the Machines*, Nova York, Perseus Books, 1993. Exemplos de panes infinitamente mais graves podem ser encontrados em Charles Perrow, *Normal Accidents: Living With High-Risk Techonologies*, Nova York, Basic Books, 1984, e outros muito mais detalhados e técnicos em Diane Vaughan, *The Challenger Launch Decision: Risky Technology, Culture, and Deviance at NASA*, Chicago, University of Chicago Press, 1996.

tória de inovações que estão sendo produzidas, mas, sim, da descoberta retrospectiva de uma série de modificações que foram feitas anteriormente e cujo acoplamento havia sido esquecido. O esquema apresenta, por vez, uma interrupção, uma brecha, um buraco, uma solução de continuidade em um curso de ação, um contorno que obriga a recrutar outros atores, que falam outra linguagem e dispõem de outras competências. Vemos se abrir uma defasagem que aumenta entre os objetivos iniciais e a fileira imprevista de desvios. A ação de conjunto foi deslocada, tornou-se composta ou — melhor ainda — heterogênea. Toda pane nos leva a tentar sair desse túnel, desse labirinto cujo fim já não podemos ver.

Figura 2.1
Esquema de desvio e composição de um sistema sociotécnico
revelado pela prova de uma pane comum
que obriga a passar pelo *helpdesk*.

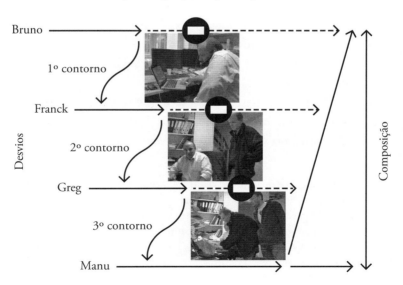

Você provavelmente sabe que Dédalo é o nome do mítico engenheiro criador do labirinto em que Teseu teria se perdido se Ariadne não lhe houvesse dado seu fio. Dédalo, nome próprio, recupera um substantivo comum, *dedalion*, que quer dizer justamente "desvio", arte própria do *metis* (outro admirável vocábulo de nossos pais gregos, mediante o qual se designa a habilidade técnica, a astúcia, a artimanha, o engenho — e também a ingenuidade —, em suma, todas as formas de engenhar que um engenheiro tem). Os dois termos se opõem à via retilínea, à *episteme*, o conhecimento erudito, que, por sua vez, manifesta-se de maneira direta e fala sem rodeios (veremos depois o que é preciso considerar quanto a essa distinção).[3] Acho muito interessante que o mito fundador das técnicas seja justamente o de um labirinto — desvio após desvio, dobra após dobra, complicação após complicação, implicação após implicação —, em que se corre o risco de se perder diante de cada curva, a não ser que se conte com um fio. Ariadne ajudou Teseu como eu quero ajudar meus alunos a não se perderem nesse labirinto que abro diante de seus pés ao chamar a atenção deles para as técnicas, cada vez mais agitadas, envolventes e repletas de desvios.

Mas o mais útil deste exemplo é que mostra também como, desde o momento em que a pane é solucionada e a crise termina, quando o mau momento é superado, já não há ne-

---

[3] Sobre Dédalo e o labirinto, ver, de Françoise Frontisi-Ducroux, *Dédale, mythologie de l'artisan en Grèce ancienne*, Paris, Maspero, 1975; leia o grande clássico de Marcel Detienne e Jean-Pierre Vernant, *Les ruses de l'intelligence: la mètis des Grecs*, Paris, Flammarion, "Champs", 1999 [ed. bras.: *Métis: as astúcias da inteligência*, São Paulo, Odysseus, 2008]. Sobre o engenheiro, Hélène Vérin, *La gloire des ingénieurs: l'intelligence technique du XVIe au XVIIIe siècle*, Paris, Albin Michel, 1993.

cessidade alguma de possuir um fio, pois o labirinto simplesmente desapareceu. Assim que recuperei meu computador, me esqueci completamente do *helpdesk*, de Manu, de Greg e de Franck. O conjunto sociotécnico que tanto me havia freado se transformou em um simples objeto técnico. E muito rapidamente esse próprio objeto irá desaparecer do campo de minha atenção, irá se confundir com minha mão, com meu pensamento e não vai mais emergir no curso de ação, graças ao qual tenho o prazer de escrever para você este resumo do curso (Figura 2.2).

Esta é a razão pela qual é quase impossível não ser *idealista* com a matéria técnica quando tudo caminha bem e não ser *materialista* quando as coisas não saem como prevíamos. Conforme mostrei a você no caso das ciências, ambos os discursos devem ser tomados com seriedade: o que afirma o vínculo com a sociedade e o que sustenta que este vínculo não existe. Porque os dois discursos são verdadeiros, mas não ao mesmo tempo: uma técnica — ora quando não funciona, ora quando funciona — se encontrará ou com a intensa presença de uma forma sociotécnica ou quase invisível, fundida no curso de ação (quando é simplesmente eficaz). É por isso que insisto tanto em destacar a noção de *prova*. Apenas quando atravessamos a prova tornamo-nos materialistas, isto é, conscientes dos materiais diversos que compõem uma determinada ação. Mas apenas durante certo tempo: quando tudo se acomoda novamente e volta a se "encaixar", o idealismo retorna necessariamente. É — poderíamos dizer — como um leque, que primeiro abrimos com uma sacudida seca e, depois, com outra sacudida seca, fechamos e o guardamos em seu estojo, reto como uma régua.

Figura 2.2
As duas maneiras totalmente opostas de abordar
o mesmo objeto técnico: seja como elemento confundido com o
curso de ação (quando funciona sem dificuldades; é possível observar
na linha superior), seja como um labirinto no caso de pane.
A segunda versão apenas toca superficialmente a primeira,
visto que nunca se pode considerar o mesmo objeto
de uma única vez de acordo com os dois modos.

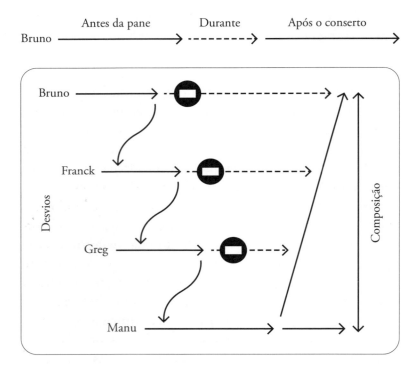

O argumento é simples; contudo, corremos o risco de esquecê-lo, à medida que permanecemos fascinados pelo próprio objeto: sozinho, suspenso, interrompido, eficaz. Seria conveniente poder realizar com as técnicas o que Darwin nos ensinou com as séries dos seres vivos. Se você vai ao Museu de Ciências Naturais e observa a série dos cavalos, sabe que não deve se deter a nenhum dos espécimes sucessivos, visto que sua verdadeira essência — por assim dizer — se encontra em toda a linhagem múltipla e abundante de seus antecessores e sucessores. Mas, se você se dirigir a um museu de técnicas, por exemplo, em Munique, no Deutsches Museum, e vir a ampla série de bicicletas, tampouco deveria se deter diante de um ou outro exemplar, mas, sim, diante de todos, e em movimento, indo de um modelo a outro, em função das necessidades, dos custos, dos costumes, da moda, dos construtores, dos materiais etc. É um pouco como se cada objeto técnico constituísse uma página de um *flip book* cujas páginas você aprendeu a virar rapidamente para capturar apenas o movimento (Figura 2.3).

Reconheço que é difícil transmitir isso por meio de um texto em prosa. Justamente para que se perceba esse caráter dinâmico de todo objeto técnico, vou precisar um pouco o diagrama que apresentei antes com o intuito de ressaltar duas dimensões: uma para a direita, que chamo de *associação*, e outra para baixo, que chamo de *substituição*. Podemos simplificar ainda mais essas duas dimensões, codificando a primeira com o símbolo "E" e a segunda com o símbolo "OU". Não procure nelas nenhuma precisão geométrica; é só outra forma, mais organizada, de representar o movimento por desvios (OU) e composições (E), a fim de dispor de um fio para se orientar no labirinto das técnicas. Agora podemos dizer que todo objeto é apenas uma etapa parcial (uma linha horizontal), tomada da série das transformações às quais foi necessário submeter o projeto inicial para modificar a gama de seus *oponentes* e de seus *partidários*. A única vantagem que esta maneira de apresentar as coisas oferece é a facilidade de agregar, uma debaixo da outra, as versões sucessivas de um mesmo objeto em função dos acontecimentos, como se fossem anotadas, com a devida atenção, frases que descrevem o projeto, começando — por convenção — pelos "prós" e continuando com os "contras".[12]

Figura 2.3
Princípio do diagrama sociotécnico: desenha-se duas dimensões: a associação "E" e a substituição "OU"; inscreve-se, em seguida, sucessivas versões, posicionando os "prós" à esquerda e os "contras" à direita. Passamos de uma versão à outra — aqui, dois cabides concebidos de forma diferente colocam de um lado da "linha de frente" os "prós"; do outro, os "contras". O cabide da versão 1 é fácil de usar, mas também fácil de roubar! Nos hotéis baratos, eles são substituídos por um cabide sem gancho (versão 2), com um clipe mais complicado, mas que torna o roubo impossível. Ao complicar o objeto, nós modificamos a repartição de "prós" e "contras".

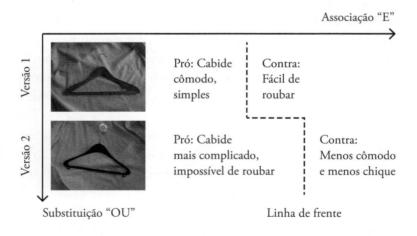

---

[4] Sobre a evolução das técnicas em relação à economia, é possível ler, em francês, de Patrice Flichy, *L'innovation technique, récents développements en*

É importante frisar e deixar claro que todo deslocamento sobre a dimensão de composição ou associação (E) é *pago* — se assim se pode dizer — com um movimento sobre a dimensão de desvio ou substituição (OU). Dito de outro modo, a invenção técnica não caminha em linha reta, mas ziguezagueia entre acordos e concessões, uma multidão de compromissos. Estas astúcias contínuas, que definem a invenção, traçam em meu esquema uma *linha de frente* entre os "amigos" e os "inimigos" que foi preciso conservar ou combater em cada ocasião. Esta linha deve vir a ser nosso fio de Ariadne. (Quando digo "amigos" e "inimigos" me refiro também a "apoios" e "obstáculos" ou, mais geralmente, a *programas* e *antiprogramas*, pois certamente não se trata apenas de seres humanos, mas também de materiais, máquinas, patentes etc.) Esta visualização simplificada tem a grande vantagem de ajudar os alunos a compreenderem e abordar as técnicas como um *projeto*, e não como um objeto. Ou, melhor dizendo, o objeto existe, mas como uma fração em um instante *t*. O objeto representa então a parada sobre uma imagem do filme do projeto (Figura 2.4).

---

sciences sociales: vers une nouvelle théorie de l'innovation, Paris, La Découverte, 2003, e o clássico de Dominique Foray e Christopher Freeman (orgs.), *Technologie et richesse des nations*, Paris, Economica, 1992. Sobre os detalhes dos diagramas sociotécnicos, é possível consultar, de Bruno Latour, Philippe Mauguin e Geneviève Teil, "Une méthode nouvelle de suivi des innovations: le chromatographe", em Dominique Vinck (org.), *La gestion de la recherche: nouveaux problèmes, nouveau outils*, Bruxelas, De Boeck, 1991.

Figura 2.4

Generalizando a Figura 2.3 sobre um exemplo de projeto que acaba fracassando (em t4), temos uma representação sinóptica do movimento de invenção que explora as associações e as substituições mediante uma sucessão de comparações entre programas (as setas para a direita) e antiprogramas (para a esquerda). O projeto verdadeiro é o envoltório desenhado pela linha de frente. O que comumente chamamos de "objeto técnico" não é senão uma linha horizontal recortada em um momento neste envoltório, uma espécie de parada sobre a imagem.

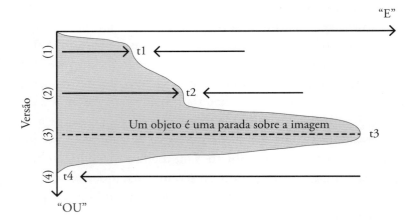

Certamente você compreenderá por que sempre me divertem aqueles que definem o universo das técnicas apelando para as noções de domínio, transparência ou eficácia, e por que peço aos alunos que não acreditem nos tecnófilos nem nos tecnófobos. Se por si só é difícil falar das ciências, ainda mais complicado é dizer algo inteligente sobre as técnicas. É por isso que meu curso — insisto — não versa mais *sobre as técnicas* do que *sobre as ciências*: ele as redistribui de uma maneira diferente. Acontece que elas sempre são idealizadas — para se lamentar ou se felicitar — diante da impossibilidade de ver que as técnicas só aparecem quando sob a provação de uma dificuldade, e unicamente durante o tempo em que esta esteja presente. Quando se adquire o hábito e se retoma o curso de ação, *zás!*, de imediato desaparece o que elas têm de verdadeiramente original. Isso parecerá complicado, mas os alunos, uma vez lançados nesta pista, apreciam muito — o que eu chamo com um pouco de pompa — os exercícios de *análise sociotécnica*. Seguem o fio que coloquei em suas mãos e se deleitam percorrendo o labirinto com um desembaraço que me aquece o coração.

Uma vez que os estudantes começam a perceber as aparições e desaparições dos desvios técnicos, posso expor dois problemas. Primeiro, uma pergunta principalmente histórica: as ciências e as técnicas *sempre compuseram a ação*, ou estamos diante de um fenômeno sem precedentes? O que me permite formular em seguida uma interrogação mais difícil, relacionada com o *sentido desta história*: como é possível que um fenômeno de semelhante amplidão não possa ser registrado recorrendo a nossas maneiras habituais de pensar?

Ao ler a primeira pergunta, você decerto já adivinhou para onde estou me dirigindo. Tenho uma querida amiga, Shirley Strum, que estuda o mesmo grupo de babuínos no Quênia há quarenta anos.[5] Foi ela quem me fez descobrir a intensa atividade social desses primatas — separados de nós por 25 milhões de anos; inclusive tive o privilégio de visitá-los várias ve-

---

[5] Sobre a sociabilidade dos macacos, ver, de Shirley Strum, *Voyage chez les babouins*, Paris, Seuil, "Points", 1995, e de Frans de Waal, *De la réconciliation chez les primates*, Paris, Flammarion, 1992 (edição de bolso, 2002).

zes com ela, em plena "natureza". Pois bem, o que sempre me fascinou nesses babuínos é que eles conseguem seguir cursos de ação de grande complexidade, mas — ao contrário de nós, seres humanos — sem nunca passar pela mediação (a tradução) de dispositivos técnicos. Até os chimpanzés — muito mais próximos de nós, é verdade — recorrem de vez em quando a algumas técnicas (ano a ano se descobre que são completamente capazes de proceder mediante desvios e composições para ter acesso a recursos insuspeitos, como, por exemplo, quando afastam insetos com um pedaço de palha ou quebram nozes com um martelo e uma bigorna). Isso não quer dizer que os babuínos sejam primitivos ou simples. Pelo contrário, eles não conseguem realizar nada de maneira individual, não sem considerar as interferências de cada um de seus congêneres, o que confere vertiginosa complexidade a suas relações sociais. Mas essa complexidade social (várias filmagens que mostrei a meus alunos dão conta disso) tem justamente a particularidade de não mobilizar nenhuma técnica material. Consequentemente, os babuínos me oferecem — se quiser — uma base ideal para definir depois, por contraste, por que razão nós, os seres humanos, somos diferentes. Para nós, não existe sequer um curso de ação que não seja social — no sentido dos babuínos —, e que, além disso, não seja obrigado a abrir caminho por meio de um ou vários dispositivos técnicos. É como se vivêssemos na escuridão do labirinto, cujos componentes se acendem ou se apagam conforme a prova torna visíveis ou invisíveis os obstáculos e os desvios.

Para que possam experimentar com clareza esse contraste, depois de lhes mostrar as filmagens, peço a meus alunos que imaginem a si próprios, ali, no anfiteatro, e que vão retirando, um por um, em pensamento, todos os objetos pelos quais devem passar para se relacionar uns com os outros, até chegar ao mesmo nível de carência técnica dos babuínos do filme... Evidentemente, lembro-lhes que, a cada vez que "passam por" algo, isso implica que devem descrever ou desenhar uma operação de tradução que os obriga a *depender* de um saber especializado, de uma técnica mais ou menos antiga ou, às vezes, de uma ciência mais elaborada. Eu os obrigo, então, a se privarem, pouco a pouco, do computador, do caderno, dos telefones celulares; depois, a trabalharem sem mesa, sem banco, sem paredes. Em favor da decência, paro por aí a experiência do pensamento... Os alunos se encontram, então, dispersos na natureza, como "macacos nus". Conservaram, evidentemente, toda a sua competência social — essa sociabilidade cujos efeitos foram demonstrados por Shirley e muitos outros —, mas se encontram completamente *desarmados* ou, em todo caso, *sem ferramentas*, "inermes", como dizia André Leroi-Gourhan (1911-1986), o fundador na França da *tecno-logia* (no sentido etimológico de uma ciência das técnicas). E se pergunto a eles como vão se alimentar agora, ficam absolutamente estupefatos e travados: tudo o que vinha até eles, terão que *ir buscar* e, às vezes, muito longe. Permito-me então fazer uma crítica a seus outros professores — meus colegas! —, dizendo-lhes que as disciplinas que não levam em consideração os desvios técnicos são talvez interessantes, mas tratam de babuínos, e não de seres humanos. As humanidades sem as técnicas não são nada além de macaquices babuínas...

Agora falarei de Ötzi.[6] Ötzi é o homem das neves de 5 mil anos, da Idade do Bronze, que foi encontrado intacto em 1991,

---

[6] Sobre a época de Ötzi e sua relação com as mudanças técnicas, ver, de

em uma depressão dos Alpes entre a Áustria e a Itália, e cujo equipamento completo — suas armas, seus sapatos, seu pequeno bornal com materiais para fazer fogo, sua caixa de primeiros socorros, seus alimentos — se conservou graças ao frio. Devido à mumificação perfeita de seu corpo foi possível pesquisar do que ele se alimentava, a estrutura de seus músculos, quantos machucados tinha e também como havia morrido (assassinado, com uma flechada nas costas). Aquela foi uma grande descoberta para os arqueólogos, que conheciam bem a civilização da época pelas ferramentas — de pedra, de osso e de bronze —, pelos esqueletos e pelos túmulos, mas nunca haviam encontrado um corpo completo, vestido, equipado, com todos os seus instrumentos: desde os mais luxuosos, como seu esplêndido machado de bronze, aos mais leves, como seus fungos antibióticos, ou a fina costura de suas botas de pele dobradas com cuidado. Por que Ötzi nos interessa? Porque há um excelente filme sobre sua história pela BBC, mas também porque essa descoberta se refere a uma época de transição entre a existência intensamente social — ainda que pobre quanto ao aspecto técnico — dos babuínos e a época atual. (Sim, eu sei, estou contando tudo muito depressa, mas compreenda, não disponho de muito tempo e tenho que abarcar e transmitir-lhes toda a história material de uma vez só!)

A partir da referência a Ötzi, peço a meus alunos que repitam a experiência de pensamento dos babuínos, mas desta vez imaginando alguma parte do equipamento que os rodeia que *eles mesmos seriam capazes de produzir* com seus próprios

---

Jean-Paul Demoule (org.), *La révolution néolithique en France*, Paris, La Découverte, 2007. Um apaixonante DVD, *Le mystère Ötzi, l'homme des glaces* (Arcades Vidéo, 2005), pode facilitar uma aproximação a esse caso surpreendente.

conhecimentos e instrumentos. Todos se olham e começam a buscar o que poderiam engendrar contando apenas consigo mesmos. O computador? Nem pensar. O telefone celular? Igualmente impossível. A caneta Bic? O caderno Clairefontaine? Seu portfólio? O zíper de suas jaquetas? As meias? Os sapatos? Não, nada disso serviria. Às vezes vejo que uma mão se levanta e alguém me mostra com timidez uma roupa feita à mão, uma bijuteria, um penteado. Muito pouco, se fizermos um balanço. É todo o contraste que se pode ressaltar ao nos compararmos com Ötzi: temos o mesmo corpo, o mesmo cérebro, a mesma aptidão para a linguagem e nos é tão impossível quanto é para ele sobreviver sem passar pelas técnicas sofisticadas que nos rodeiam e abrigam em uma espécie de bolha de proteção artificial. Mas parece que Ötzi — exceto, talvez, pelo machado de bronze — podia reproduzir ele mesmo a totalidade de seu equipamento e que se deslocava levando sobre as costas e em sua cabeça todo o sistema técnico de seu povo e de seu tempo. Quem de nós seria capaz de algo semelhante? Se, por uma tragédia medonha, um povo que desconhecesse tudo deste mundo, mas estivesse ávido por reproduzi-lo, tivesse apenas a mim como informante, eu, com minhas ignorâncias e minhas lacunas, poderia ajudar a recriar o quê? Nem sequer uma torradeira de pão!

Qual é então a grande diferença entre a habilidade técnica de Ötzi e a nossa? Evidentemente, a prodigiosa extensão do que chamei de "desvios e composições": cada um de nossos gestos é articulado por uma quantidade muito maior de desvios que nos obrigam a passar por técnicas mais distantes e que dependem, por sua vez, de saberes cada vez mais especializados. O labirinto se prolonga, se complica, se obscurece. No século XIX, Júlio Verne ainda podia imaginar que Cyrus Smith, o genial Robinson de *A ilha misteriosa*, seria capaz de reproduzir para os seus companheiros de desventura, apenas pela engenhosidade de suas competências acumuladas, sem um manual nem um livro, toda a Revolução Industrial — até mesmo linhas de trem! —, sem ter conservado do naufrágio nada além de um fósforo molhado...

O que pretendo sustentar (sei que com isso vou chocar os historiadores, que sentem um santo pavor diante de toda "lei da história") é a existência certa — desde os babuínos até nós, passando por Ötzi e Cyrus Smith — de uma tendência, um movimento de conjunto, que intensifica a cada passo a quantidade e também a longitude de seus desvios. Resumirei essa tendência para você em alguns aspectos para que veja aonde quero chegar.

Existe, primeiro, em cada estágio — se for possível falar realmente de estágios distintos; não estou certo quanto a isso —, uma invenção, que depois permanece quase inalterada ao longo de toda a história: depois de tudo, nossa sociabilidade de base é sempre a dos primatas sociais, e continuamos até hoje utilizando um martelo, como devia fazer Ötzi, assim como seguimos criando gado e cultivando grãos. Logo, são geradas a acumulação, a conservação e a recomposição de todas as competências que surgiram sucessivamente ao longo da história, pois nenhuma inovação foi na realidade capaz de abolir por completo as precedentes.

É produzido, então, um *prolongamento* dos desvios, o que não deveria ser impossível de quantificar: a fabricação do arco de Ötzi — inconclusa, aliás —, da aljava de pele de camurça e de quinze flechas compreende algumas dezenas de elementos (do alcatrão de bétula até as penas de pica-pau) recolhidos ao longo de diversas paradas em um raio de alguns quilômetros;

meu computador contém uma quantidade tal de componentes, fabricados por tantas empresas distribuídas em determinada quantidade de países diferentes, e depende de acordos comerciais e de patentes tão variados que nenhuma fonte permitiria indicar com clareza de quantos materiais, engenheiros e operários ele realmente depende. O caminho das traduções e dos desvios parece se perder completamente.

Uma terceira característica — esta, verdadeiramente decisiva — é a extensão cada vez maior da natureza dos seres que mobiliza esta ação composta: a vida de Ötzi depende de grande quantidade de árvores, arbustos, plantas, animais e fungos (foram contadas várias centenas). Mas nós descemos até as profundezas da Terra para extrair carvão e petróleo; distinguimos em uma planta não mais um grão de outro grão, e sim os genes que se encontram no interior de cada grão. É como se nos misturássemos cada vez mais profundamente na intimidade dos componentes da matéria: até as moléculas, em biologia; até os átomos, em química; e até as partículas, em física. E aqui está o importante: em oposição à ideia corrente, segundo a qual quanto mais "avançadas" são as ciências e as técnicas "mais perdemos o contato direto com as coisas", nosso contato atual com as coisas se tornou muito *mais íntimo* que o de Ötzi. Por sorte perdemos esse contato "direto"; caso contrário, ainda estaríamos na Idade da Pedra... Se nos sentimos tão bem com um martelo, uma picareta ou uma agulha de costura, fazendo algo, diretamente, com nossos dez dedos, isso não prova que nossas relações, tomadas de forma coletiva, estejam mais distantes. Ainda que eu esteja inteiramente de acordo que, subjetivamente, cada um de nós, em separado, tem a impressão exatamente contrária, a idade do átomo e do DNA supõe vínculos mais estreitos com as coisas que a Idade da Pedra.

Estou certo de que esta novidade capital diferencia nossa época da de Júlio Verne, apesar de tão próxima: cada um desses desvios técnicos se encontra agora prolongado em virtude de um novo *desvio no desvio* — se me é permitido dizê-lo dessa forma —, que desta vez conduz a laboratórios científicos ou a instâncias de análise e de controle (em outro curso explico esses assuntos). Em outras palavras, cada ação está composta não apenas por uma técnica, mas esta, por sua vez, se acelera, se complica, se implica e depende de uma *ciência* recém-criada. Como podemos ver em nossos diários de bordo, atualmente não há agricultura que não passe em demasia por um laboratório de genética ou, ao menos, pelo filtro de um seletor de grãos; nenhum vereador decide uma ação sem receber a influência do parecer de um sociólogo ou de um urbanista; nenhuma jovem mãe faz um gesto que não esteja influenciado por um tratado de pediatria ou pela opinião de um psicólogo; não há disputa amorosa que possa prescindir de Freud.

Para completar meu quadro, devo agregar um último traço — e com isso antecipo o que vem a seguir —, pois chegamos a um novo estágio em que temos que levar em consideração não apenas a multiplicação dos desvios técnicos, o prolongamento que cada um deve sofrer ao passar por ciências cada vez mais esotéricas e mais bem equipadas, mas também o modo como muitas dessas ciências dão lugar a *controvérsias públicas* (aqui percebemos a importância de seu exemplo sobre os vínculos imprevistos entre a democracia e um incinerador...). O grande assunto de Copenhague, em 2009, em uma assembleia mundial sobre o clima, é algo que Ötzi não teria podido imaginar, mas tampouco Cyrus Smith. O primeiro provavelmente teria tido medo — como dizem os gauleses — de que "o céu caísse sobre a Terra", mas esta ideia representa uma figura de estilo da qual o segundo teria zombado, considerando-a uma prova de tola superstição. Atualmente, ninguém faria gozação, porque não se trata de um modo de falar: o céu pode cair de verdade sobre nossas cabeças!

Você verá para onde tento levar meus alunos: quanto mais avançamos no tempo, *menos fica possível* distinguir a ação humana, o uso das técnicas, a passagem pelas ciências e a invasão da política. É daí que vem meu slogan favorito: "Materializar é socializar; socializar é materializar". Começo com os babuínos, que não deixam no território que exploram — com uma competência ecológica notável — mais que um rastro praticamente invisível, e termino conosco, que em breve seremos nove bilhões de seres humanos, mobilizando para cada uma de nossas atividades quantidades cada vez maiores de materiais, sendo estes cada vez mais distantes e compostos. A ponto de definir uma nova era, o *Antropoceno* (é engraçado que tenha sido um geólogo quem inventou a expressão para opô-la às demais eras da história da Terra), que faz da humanidade um dos fatores capazes de influir no planeta em sua totalidade; a ponto de que tenha se tornado necessário, no fim das contas, inventar assembleias políticas — ou, melhor dizendo, científico-políticas —, para avaliar os riscos e inventar soluções na mesma escala dos problemas... De fato, que questão importante, quando a consideramos assim, em uma perspectiva licenciosa (sim, bastante licenciosa, eu sei), e apresentamos, enfileirada, toda a história das implicações do homem e seus materiais compostos![7]

---

[7] Ainda que esteja um tanto ultrapassado quanto aos dados, o livro de André Leroi-Gourhan, *Le geste et la parole*, Paris, Albin Michel, 1964, continua sendo muito esclarecedor para dar uma visão geral da longa história da biolo-

Não hesito em oferecer a meus alunos um esquema de conjunto (Figura 2.5): a história do mundo em uma página, apresentada em forma de tapeçaria, com trama e urdidura! A urdidura — isto é, os "fios" horizontais neste esboço de tear — é formada pelas novas competências inventadas a cada estágio (como referência, tracei onze etapas cujos nomes exatos não têm grande importância) e que se prolongam até nós (é daí que vem a lista à direita, que as recapitula). A trama — os "fios" verticais — é representada por um zigue-zague de uma longitude e uma complexidade crescentes, pela qual se mobilizam cada vez mais seres humanos (acima) graças à mobilização, em cada estágio, das propriedades mais íntimas de um número maior de materiais e de organismos (abaixo). O importante é compreender bem a escala (indicada de maneira um pouco desajeitada), que não para de crescer até o último estágio — o nosso —, que mobiliza toda a Terra no mesmo prodigioso torvelinho. Finalmente, você perceberá o sinal de interrogação que representa a situação atual para a qual ainda não temos um nome: seremos algum dia capazes de construir as instituições políticas que nos permitam compreender, absorver, fazer encaixar e proteger as ecologias?

---

gia e da técnica. Mais recente e com discussões profundas, temos o livro de Jared Diamond, *De l'inégalité parmi les sociétés: essai sur l'homme et l'environment dans l'histoire* (traduzido por Pierre-Emmanuel Dauzat), Paris, Gallimard, Folio, 2007.

Figura 2.5
Resumo gráfico da tendência cada vez maior a aumentar a amplitude
dos desvios e das composições que definem os cursos de ação.
O tempo se lê da esquerda para a direita; a mobilização crescente dos
seres humanos se lê na parte de cima; a das coisas, na parte inferior.
A lista vertical da direita recapitula as competências adquiridas em
cada estágio. A escala, evidentemente, é bastante reduzida.

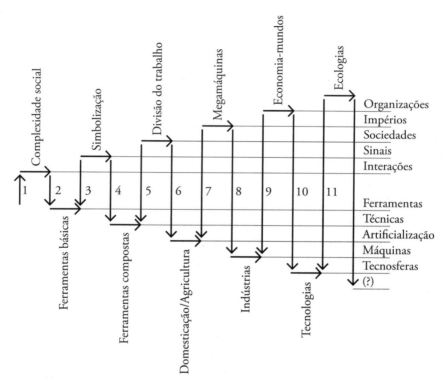

Permito-me a esses exageros, simplificações e atalhos (que sem dúvida você considerará monstruosos) porque quero chegar à minha *segunda questão*, a que se refere ao *sentido*, ou à *filosofia*, que deve ser dado a esta história. Se essas grandes tendências são exatas (e acredito realmente que com mais tempo e mais dados poderia convencê-la de sua precisão), como é possível que ainda falemos das técnicas e das ciências como domínios distintos e separados do restante da história? Ou, melhor ainda: como é possível entender que todas as pessoas bem-intencionadas continuam sustentando que quanto mais avançamos no tempo, *mais* separadas ficam as ciências da história e da política? Ou algo ainda mais forte: como podem afirmar com convicção — a fim de que se respeite a "autonomia" do conhecimento — que os saberes científicos e técnicos *devem* se separar cada vez mais da deletéria influência da política?

É como se pudéssemos realizar duas interpretações completamente opostas com respeito ao relato que acabo de desenvolver. A primeira supõe, em cada estágio, uma ruptura radical com o passado, ruptura graças à qual o subjetivo e o objetivo, o político e o científico, os humanos e os não humanos se distinguem cada vez mais entre si; eu chamaria essa interpretação de relato *de emancipação e modernização* (mais adiante direi a você por quê). Uma segunda interpretação acarreta, ao contrário, que em cada estágio se dá uma implicação cada vez maior, cada vez mais íntima, em uma escala cada vez mais ampla, através de desvios cada vez mais longos, entre as técnicas, as ciências e as políticas, cada vez mais difíceis de desemaranhar... Chamo essa segunda visão de relato *de vinculação e ecologização*. Se retomo meu último esquema (agora apresentado na cor cinza), tudo se passa como se fosse possível lê-lo de diferentes formas, seja seguindo as setas em linha pontilhada, que se afastam cada vez mais entre si, seja o inverso, seguindo as duas setas em linha cheia, que vão se aproximando progressivamente uma da outra (Figura 2.6). No primeiro caso, os sujeitos não param de se afastar dos objetos; enquanto no segundo, não param de se aproximar! Não deve nos surpreender, então, que tenhamos tanta dificuldade para interpretar nosso tempo...

Figura 2.6
O esquema da Figura 2.6 pode ser lido de duas formas opostas. Seguindo as setas em linha pontilhada, tem-se a impressão de um afastamento constantemente crescente entre sujeitos e coisas; mas, se prestarmos atenção às outras setas, de linha cheia, tem-se a impressão de uma intimidade constantemente crescente. (Tudo isso sem que o fundo da história tenha sido minimamente modificado.)

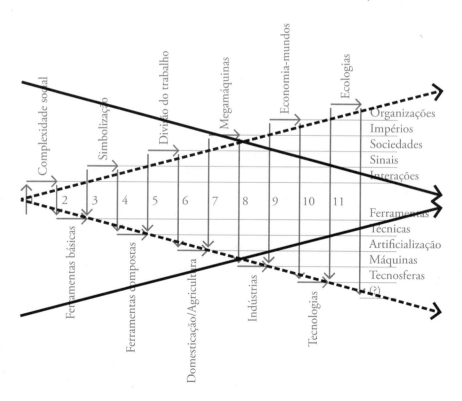

Segunda carta

No primeiro relato, é apresentada a história da emancipação crescente; no segundo, a da multiplicação das vinculações e das implicações. Conforme nos centramos em um ou outro relato, o passado não será o mesmo. Mas, subitamente, o presente tampouco parecerá o mesmo, visto que não herdamos os mesmos acontecimentos. E, por contragolpe, o futuro será muito diferente se prolongarmos a aventura da modernização ou nos pusermos a trabalhar para absorver todas as vinculações, todas as ligações pelas quais nos tornamos pouco a pouco responsáveis. Difícil reconciliar as duas histórias, ainda que os fenômenos que reúnem sejam *exatamente os mesmos*, isto é, essa vasta história dos vínculos entre os seres humanos e as coisas, sobre a qual ofereci uma perspectiva bastante licenciosa. Como você deve ter notado, *ainda que não concordemos quanto à história das ciências e das técnicas*, toda vida comum depende desse acordo impossível...

Você já deve suspeitar qual solução vou propor — porque ela é semelhante à do primeiro curso: os dois relatos são *simultaneamente* verdadeiros. Assim, o que devemos tomar como objeto de estudo é essa nova contradição, tendo o cuidado de não utilizá-la como recurso para cortar de forma demasiadamente rápida o nó górdio. Isso, me parece, é o que explica sua angústia no início: todos compartilhamos dela. Mas antes de poder capturar o sentido dessa contradição, infelizmente é necessário que eu aborde algumas questões um pouco mais complicadas. Aprendemos com Plutarco: quando falamos sobre ciências, devemos olhar com cuidado para a direita e para a esquerda, preparando-nos para seguir tanto os caminhos da tradução quanto as operações graças às quais um saber "sobrenatural" acaba aparecendo apartado do mundo desprezível da prática.

Peço que me desculpe por ter ido tão longe nesse resumo, cujo passo rápido pode tê-la cansado tanto quanto aos meus alunos. Se havia algo que eles não esperavam, era ter que se submeter a um curso de tecnologia seguido de um curso de filosofia da história.

Cordiais cumprimentos...

Terceira carta

Liebe Studentin (está certo dizer desta forma?),

Realmente não havia pensado nesta consequência inesperada: se eu resumisse os cursos para você de forma minuciosa, você hesitaria em frequentar as aulas! Para animá-la a vir, serei de agora em diante menos claro em meus resumos...

Agradeço que tenha querido me defender das críticas de seus colegas, mas eu já havia advertido você: *não é possível* chegar a um acordo sobre a história e a situação das ciências. Esta disputa envolve todo o passado, todo o futuro e — conforme veremos — toda a política. Em todo caso, estamos falando de objetos cuja delimitação é demasiadamente grosseira para que seja possível saber sequer como estar "a favor" ou "contra". Seria ridículo. O que proponho é desenvolvê-los de uma maneira completamente diferente. Trata-se de aprender a descrever situações das quais as ciências e as técnicas *fazem parte*, mas sob formas a cada vez diferentes, sempre surpreendentes e quase sempre disputadas. Precisamente por isso peço aos alunos que mantenham um diário de bordo. Desaceleremos o passo, vamos mais devagar, eu lhes peço.

Não há nada como levar em conta a atualidade para evitar juízos genéricos. Há inúmeras ligações cuja riqueza devemos respeitar em vez de nos precipitarmos a afirmar que a ciência deve ser criticada ou que deve ser defendida! Se existe uma matéria em que os acontecimentos estão muito à frente do bom-senso, é a teoria da ciência.

Você ficou sabendo do caso dos leões-marinhos que os pesquisadores do Centro Nacional de Pesquisas Científicas equiparam com balizas (*Le Monde*, 7 de outubro de 2009)? *"O sistema Argos comemora seus trinta anos de atividade. Desde 1979, as balizas revolucionaram o estudo da fauna e suas relações com o ambiente."* Antenas são colocadas nos animais, e isso permite que uma importante massa de informação sobre como eles se deslocaram seja recuperada em tempo real quando os animais emergem das profundezas.

Sempre me fascinou a astúcia experimental que permite fazer "manipulações", como dizem os pesquisadores, à distância e sobre populações tão inacessíveis como as dos leões-marinhos. Sei bem que, a princípio, costuma-se fazer a distinção entre *metis* e *episteme*, conforme já comentei anteriormente; contudo, os dispositivos inventados pelos homens de ciências dependem da mistura íntima de ambas: quanta astúcia é necessária para descobrir uma prova irrefutável! (Você reparou na palavra "revolução"? Em breve falaremos sobre ela.)

Este artigo sobre os *"Guardiões do tempo"*, de 3 de outubro de 2009, também é fantástico. "'O problema é que cada laboratório do mundo desenvolve seu próprio tipo de relógio. Certamente é necessário contar com meios para compará-los entre si, senão nada disso tem muito sentido', declara André Clairon, pioneiro dos relógios de fonte atômica no laboratório Syrte (Sistema de Referência Tempo-Espaço), localizado no Observatório de Paris e dependente do Laboratório Nacional de Metrologia e Ensaio."

Você faz bem em sublinhar tudo, inclusive o nome dessas admiráveis instituições. Syrte! Que maravilha! O tempo universal necessita de uma instituição. (Essas, sim, são humanidades científicas...) Você também acerta quando presta particular atenção aos fenômenos de sincronização. Tudo o que diz respeito à metrologia do tempo é apaixonante. A invenção da "fonte atômica de césio" permitirá a obtenção de uma estabilidade inigualável: um desvio de um segundo a cada 300 milhões de anos. Bom exemplo dos meios práticos mediante os quais será resolvida a questão do relativismo. (Em meu curso menciono Einstein em repetidas ocasiões.)

De minha parte, lancei-me sobre este artigo do *Le Monde* de 3 de outubro de 2009: "*Esta egípcia morreu de tuberculose há 2.600 anos*". E o que isso tem de surpreendente?, perguntará você. Esta múmia havia sido estudada pelo doutor Granville no século XIX, e ele, por sua vez, havia diagnosticado um câncer de ovário como causa do óbito. Mas acontece que um certo pesquisador Donahue, retomando o estudo da múmia, descobriu em seus pulmões o germe responsável pela tuberculose. O que quer dizer que, *desde este ano*, a causa da morte da senhora Irtyesenu (este é seu nome) — que ocorreu há 2.600 anos — é a tuberculose. No entanto, de 1825 a 2009, ela *havia morrido* de um câncer de ovário... E, antes disso, entre os egípcios, certamente sua morte foi atribuída a alguma outra causa.

A senhora Irtyesenu *parou de estar morta* — após 180 anos — de um câncer de ovário (não sei qual verbo teria que utilizar!). Algumas vezes já me censuraram, mas sou apaixonado por essas situações que complicam um pouco as relações entre o conhecimento e a coisa conhecida.

Quando falo aos alunos sobre as técnicas, não começo mostrando-lhes máquinas nem aparelhos: começo por um curso de ação e depois lhes peço que sigam o modo como ele se derivou, como foi traduzido, como se modificou. Apenas então descobrimos o conjunto de ferramentas, as máquinas, as maquinações, as oficinas, os conhecimentos especializados e por onde *devem passar* para realizar qualquer ação que seja. "No princípio, era a ação." Somente depois, a técnica. Para falar de ciências, faço o mesmo. Não começo explicando a composição química do ar nem mostrando a forma tridimensional do DNA, tampouco enumerando a lista de partículas elementares. Não estamos em aula — bom, estamos, mas não em aula de ciências: estamos em um curso de humanidades. Então, de onde devemos partir? Atreveria-me a dizer — como em São João: "No princípio, era o *verbo*". Apenas depois, a ciência. Digamos, de maneira menos grandiosa, que vou pedir aos alunos que partam do *discurso*, dessas grandes camadas de linguagem em que nos banhamos desde nossa infância, desse bombardeio contínuo de palavras que nos chamam a atenção sobre este ou aquele aspecto do mundo e em que estão coladas espécies de rótulos que garantem sua maior ou menor *autoridade*. Esse é o primeiro fenômeno ao qual devemos nos ater. Não me preocupa que os alunos, a princípio, se sintam um pouco afogados; é algo que lhes faz um grande bem. Se querem compreender as ciências, é necessário que partam dessas grandes ondas de palavras mais ou menos desconexas, mais ou menos ordenadas, pelas quais chegam até nós. E depois aprendem a nadar...

Como as coisas vão se complicar rapidamente, peço-lhes que pratiquem um novo conjunto de exercícios: trata-se, dessa vez, de capturar com prontidão um enunciado qualquer — um enunciado que flutue ao acaso nas conversas, na televisão, nas ondas, nos *blogs* — e tentar relacioná-lo com suas condições de produção. Como sou um grande entusiasta dos quadrinhos, chamo este exercício de "colocar um enunciado flutuante em um balão". (Você sabe: balão de diálogo, ou *fumata*, dos quadrinhos, com um rabinho que sai da boca dos personagens.) A maior parte dos enunciados que trocamos durante um dia não sai da boca de ninguém em particular: Quem os disse? Para quem? Em quais circunstâncias? Com quais tipos de provas? Contra quem? Com que propósito? A partir de qual ponto de vista? Segundo os princípios de qual profissão? Com que financiamento? E assim sucessivamente. Frequentemente, sabemos muito pouco. É dito para nós, por exemplo, que devemos nos vacinar imediatamente contra a gripe suína, ou que este inverno será glacial, ou que existe água na Lua, ou que os computadores Mac são melhores que os PC, ou que seu namorado falou mal de você pelas costas, ou que o cantor Johnny está em coma induzido. Tudo isso flutua como uma nuvem de rumores, e queremos saber de onde ela provém. No início do exercício, o enunciado flutua; no final, deve-se descobri-lo solidamente ancorado em uma paisagem precisa, em que é possível chegar a conhecer personagens cuja identidade deve estar especificada, que se dirigem a outros se referindo a um assunto em que estão em jogo questões que devem se apresentar de maneira explícita; personagens que têm em suas mãos provas visíveis e tangíveis, sobre as quais discutem de forma mais ou menos viva. Chamo de "colocar em balões" essa ancoragem, esse enraizamento que dará aos alunos a possibilidade de traçar um novo caminho através do labirinto das humanidades científicas.[1]

Na maioria dos casos, o fio se perdeu: é necessário aceitar a ideia de que se trata de rumores, ou seja, de declarações sem um responsável, sem menção da origem e sem provas verificadas. Nesse caso, a regra do bom-senso é não dar crédito demais a essas declarações (sobretudo quando se diz que alguém falou mal de nós pelas costas, é saudável aplicar a máxima: "as declarações informadas são sempre falsas"). Mas às vezes é possível, fazendo algum esforço, remontar o fio e chegar à *situação de*

---

[1] Sobre a retórica, convém começar pelo excelente livro de Denis Bertrand, *Parler pour convaincre: rhétorique et discours*, Paris, Gallimard, Éducation, 1999; mas caso se queira aprofundar a análise referida aos gregos é conveniente ler a obra muito mais técnica de Barbara Cassin, *L'effet sophistique*, Paris, Gallimard, 1995 [ed. bras.: *O efeito sofístico*, São Paulo, Editora 34, 2005]. Sobre a retórica científica, não existe nenhum livro de introdução; portanto devem ser consultadas obras mais especializadas, como a de Christian Licoppe, *La formation de la pratique scientifique: le discours de l'expérience en France et en Angleterre (1630-1820)*, Paris, La Découverte, 1996, ou a de Fernand Hallyn, *Les structures rhétoriques de la science*, Paris, Seuil, 2004. O assunto e o conjunto de argumentos que o acompanha também aparecem em Bruno Latour, *La science en action*, cit.

interlocução de onde provém o enunciado flutuante, antes que este perca todas as suas conexões, seus pontos de aderência, por conta de ter sido transmitido ou repetido.

Se alguém, *en passant*, me alfineta dizendo que pelo fato de o aquecimento global ter origem humana, eu deveria deixar de utilizar meu automóvel, gostaria em primeiro lugar de colocar cuidadosamente *entre aspas* as premissas desse raciocínio. O que é equivalente a colocar o enunciado em um balão de diálogo: "O aquecimento global é de origem humana". Depois, não passará muito tempo (ler um jornal é o suficiente) para que me dê conta de que a esse enunciado colocado em balão se agrega muito rapidamente uma série de outros enunciados: "Pesquisadores interessados afirmam que o aquecimento global é de origem humana", ao que constato que outros respondem com certa vivacidade: "Cada vez mais provas permitem considerar, quase com certeza, que o aquecimento global é de origem humana", e, inclusive: "Pesquisadores contratados pelas indústrias petrolíferas ainda colocam em dúvida que o aquecimento global seja de origem humana".

Ressaltei estas frases com marca-textos porque peço aos alunos que comecem a perceber a diferença entre um enunciado (em cinza-escuro) que, isolado, poderia passar por prova de outros enunciados (em cinza-claro) que *modificam* o valor de verdade do primeiro (que, por sua vez, não muda, ao menos no momento). Você provavelmente reconhecerá aqui a distinção clássica entre o *dictum*, enunciado, e o que se chama de *modus*, que modifica o peso que deve ser dado ao *dictum*. O *modus* tem a particularidade de ser um *discurso sobre o discurso*, cujo valor de verdade ele transforma. É por isso que se diz que um enunciado qualquer é *modalizado* positiva ou negativamente. A modalização é equivalente a uma etiqueta em uma peça de roupa, que define a origem, a qualidade e o preço; evidentemente, não se compra a etiqueta, mas a peça. Mas se esta não tivesse a etiqueta não teríamos nada que nos assegurasse de seu verdadeiro valor.

Qual é a importância de ter ou não aspas?, você perguntará. Toda a importância do mundo. Um enunciado que não tem necessidade alguma de aspas, de nenhum condicional, tem como particularidade a impossibilidade de distingui-lo do mundo. Fica, de alguma forma, *naturalizado*. Não aparece de nenhum modo como procedente do discurso nem como uma etapa particular, talvez sua etapa *final*. Dizer que o aquecimento global é de origem antrópica *não é* de modo algum o mesmo que dizer que "o aquecimento global é de origem antrópica". E não estou jogando com as palavras. A primeira oração corresponde *ao mundo*; a segunda, aos discursos hesitantes *sobre o mundo*. Podemos dizer, sem exagerar, que toda a filosofia das ciências depende dessa nuance. Os cientistas falam. As ciências falam. O mundo fala. Como alguém pode habilitar seus alunos a seguir todas as etapas dessa afirmação, até a última, em que ninguém mais fala, senão os próprios acontecimentos, o próprio mundo?

Certamente você se lembra que o desvio técnico tem a particularidade de desaparecer no momento em que a tradução é eficaz, quando dá a impressão de um curso de ação uniforme que seria composto por apenas uma etapa e, contudo, em caso de pane, nos damos conta de que ele é feito de milhares de componentes diferentes. Eu tinha dito a você que a técnica havia se naturalizado e também que ela havia se tornado invisível. Se não tivermos cuidado, corremos o risco de que ocorra o mesmo com as ciências. Você me dirá que isso está certo e que, quanto mais invisíveis se tornarem ao se confundirem com o mundo, maior ainda será a sua autoridade e menor a chance de modalizar seus enunciados. Pode ser; mas se acreditarmos em nossos diários de bordo, veremos que neles aparecem com frequência conflitos de autoridade, primeiro no interior das ciências e depois entre as ciências e a política. Se não conseguir proporcionar aos meus alunos os elementos que os capacitem para seguir todas as suas variações, eles acabarão se afogando e então não poderemos nunca desemaranhar ou arbitrar esses conflitos, visto que uma das fontes, a das ciências, permanecerá invisível.

Pois bem, mediante este exercício muito simples (que só exige que sejam comprados marca-textos de várias cores...), você já irá entrar no terceiro conceito importante de meu curso: depois da tradução e da provação, as *controvérsias* e os meios que permitem segui-las. Sei que a palavra controvérsia pode ser chocante para alguns: "Mas, precisamente — dirão —, as ciências têm essa característica capital: *colocar fim* às controvérsias incessantes; você não pode, então, utilizar o termo *controvérsia* para definir sua dinâmica". A objeção é importante, mas não nos precipitemos em respondê-la, e digamos, por enquanto, que a palavra *controvérsia*, em meu curso, designa *todas as posições* possíveis, que vão desde a dúvida mais absoluta — "alguns ingênuos desprovidos de todo o conhecimento positivo afirmam que o aquecimento global é de origem humana" — até a certeza indiscutível que permite, inclusive, tirar as aspas da premissa do seguinte raciocínio: visto que o aquecimento global é de origem humana, "é necessário então que você modifique seus hábitos de consumo" (apenas esta nova consequência pode ser agora objeto de uma discussão). Como resultado disso, o mesmo enunciado pode aparecer, seja enraizado em uma situação de interlocução em que é objeto de uma disputa, seja com uma evidência tal que parece circular sem que ninguém tenha sequer necessidade de comprová-lo. Mas também pode existir em todos os estágios intermediários entre a dúvida radical e a certeza indiscutível. Seguir, traçar ou fazer a cartografia de uma controvérsia significa, em minha linguagem, aprender a localizar *todos esses movimentos*. Inclusive o último, que nunca equivale simplesmente a escutar a prosa do mundo abrindo os ouvidos, senão, em um senso ainda mais prosaico, a abrir um manual, consultar uma enciclopédia ou anotar sem aspas as declarações de um especialista.

Você pode, inclusive, reutilizar o diagrama que eu havia proposto para mostrar a linha de frente, que define, em minha opinião, todo projeto técnico (com a condição de tomá-lo em seu movimento, e não congelado em um objeto). Também pode utilizá-lo para seguir o movimento mediante o qual um enunciado se transforma no centro da controvérsia (Figura 3.1). Aqui voltamos a encontrar a dimensão de composição ou de associação (E), assim como a de desvio ou substituição (OU). Também, evidentemente, os "prós" e os "contras", o que sustenta ou desfaz um enunciado. E também a linha de frente que marca o trabalho da tradução: o que deve ser modificado em um enunciado para que consiga convencer quem antes se opunha a ele. Também nesse caso apenas é possível ganhar em associação (mostrando-se mais convincente) "pagando" o preço em transformações (em retomadas, em desvios). Somente depois de ter sido muito transformado (ao longo da dimensão OU), o enunciado pode finalmente ser aceito (esta é a dimensão E). Mas nada é definitivo: há objetos técnicos que se oxidam e enunciados que caem em desuso. Existir é se manter sempre nessa linha de frente. Como as técnicas, as ciências não se mantêm existindo pela simples força da inércia. Contrariamente à frase de Pôncio Pilatos, poderia ser dito que "O que está escrito não está escrito para sempre".

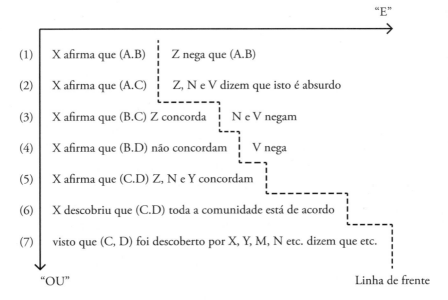

Figura 3.1
O mesmo esquema de associações "E" e substituições "OU" aplicado anteriormente aos projetos que possibilita seguir a linha de frente de um enunciado em que o *modus* e o *dictum* se transformam para redistribuir a cada etapa os "prós" e os "contras". Neste exemplo, o enunciado inicial (A.B) é mais convincente, mas só depois de ter sido transformado em (C.D).

A única e verdadeira utilidade deste esquema é recordar que o que habitualmente é conhecido como um enunciado certo não é senão a *etapa final* de uma controvérsia e, de maneira alguma, seu início. Generalizando ainda mais o esquema precedente, percebemos sem dificuldade que as diferenças de natureza entre os enunciados "falsos" e os enunciados "verdadeiros", os rumores e as descobertas, os argumentos discutíveis e os fatos indiscutíveis correspondem a *etapas sucessivas* na série de transformações que um enunciado deve sofrer para abrir passagem entre os "prós" e os "contras" (Figura 3.2). Devem ser considerados, então, os dois extremos: tanto o fato quanto a opinião correspondem a dois momentos na controvérsia. Dito de outra forma, o indiscutível provém do discutido. Muito em breve veremos a importância deste resultado.

O notável das ciências não é apenas que as discussões desembocam às vezes no indiscutível, mas sim que é possível — além disso — seguir, do princípio ao fim, *como* se chegou a esse resultado e, portanto, também por que nem sempre se chega a ele. Com efeito, os enunciados marcados com o selo de origem científica têm algo em comum com os bons vinhos: eles também se beneficiam do sistema das *citações*, uma espécie de Denominação de Origem Controlada. (As novas técnicas de informação digital estenderam esse privilégio a enunciados dos quais, até então, era impossível traçar as origens, como os pareceres, as opiniões, os boatos e os rumores.) Por esta razão, peço aos alunos que se apoiem em citações e que as empreguem como *painéis indicadores* para ir avançando passo a passo, desde o artigo de um jornal para o grande público até os artigos científicos mais esotéricos que o jornalista tenha utilizado. Felizmente, graças aos instrumentos de que dispomos na *web*, esse exercício se tornou infantil (apesar de continuar custando caro quando não se estuda em uma universidade que fornece acesso a grandes bases de dados). Passa-se assim, com facilidade, de enunciados flutuantes a enunciados enraizados, e se remonta pouco a pouco esse labirinto, o da informação científica e técnica.

Figura 3.2
Como no caso dos objetos técnicos que devem ser abordados no movimento do projeto, as controvérsias científicas devem ser tomadas no movimento que permite multiplicar as associações mediante uma série de transformações. As distinções clássicas entre tipos de enunciados (rumor, opinião, parecer, disputa, proposição, descoberta, fato) correspondem todas a etapas sucessivas da mesma frente de controvérsia.

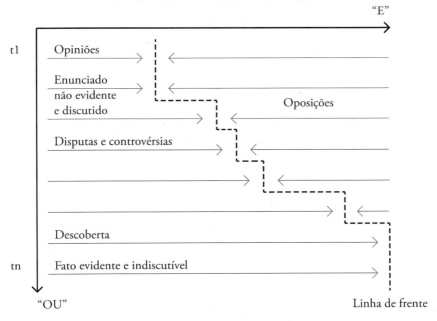

De um artigo do *Le Monde* de 11 de novembro de 2009: "*A discalculia volta à estaca zero. Psicólogos franceses alteram sua definição de cabo a rabo*". "É uma bomba!", dispara Claire Meijac, psicóloga da Unidade de Psicopatologia da Criança e do Adolescente no Hospital Sainte-Anne, na *ANAE*, a revista de neuropsicologia da aprendizagem infantil cujo número 102 é dedicado aos trabalhos de Jean-Paul Fischer e sua equipe." Um jornal menciona uma revista. Um jornalista menciona uma especialista que, por sua vez, menciona outro.

Aqui vemos meu exercício de colocar enunciados em balões de diálogo se realizando por conta própria. Após alguns cliques, chego à revista *ANAE*, cuja existência eu desconhecia. E, muito rapidamente, encontro-me diante de um enunciado fortemente modalizado, visto que é possível ver agora a extrema dificuldade de comprovar, mediante métodos seguros, as deficiências das crianças. Fischer inclusive chega a afirmar que os casos de pessoas com graves dificuldades para o cálculo são seis vezes mais raros do que se acreditava até então. Não se pode negligenciar o que está em jogo: os pais são obrigados a tratar seus filhos por uma "enfermidade" cuja existência se tornou incerta. E já estamos em plena controvérsia.

Ao remontarmos dessa forma os artigos que serviram como fonte, os alunos às vezes se surpreendem ante essa estranha contradição: deparam-se com objetos que a princípio lhes parecem desinteressantes, mas que muito prontamente revelam um rico material para o exercício de colocar em balão de diálogo os enunciados flutuantes. Com frequência imaginam que um artigo científico deve estar escrito em um estilo neutro por autores ausentes que falam com uma voz mecânica, mais ou menos como o sr. Spock de *Jornada nas Estrelas*. E que surpresa têm quando percebem que os verdadeiros autores dos artigos multiplicam as precauções, criticam seus predecessores, fazem autocrítica, mencionam seu financiamento, suas instituições, as dificuldades que tiveram que enfrentar, os instrumentos frágeis que lhes permitem obter seus resultados e lançam hipóteses que os demais, posteriormente, retomarão e, se possível, validarão ou invalidarão!

Evidentemente, é necessário que se faça algum esforço para extrair todas essas marcas de interlocução em um artigo que provém da frente da pesquisa de ponta, mas os alunos sempre se mostram impressionados pela qualidade dos dados que podem ser obtidos seguindo o fio de como um enunciado chega a se fazer crível. Claro, pelo tempo que têm, só podem seguir essas peripécias em uma pequena porção de sua trajetória. Mas, ao familiarizar-se com a situação de interlocução onde nascem os enunciados — indo *a montante*, por assim dizer —, podem depois compreender melhor como essas proposições se transformam — indo *a jusante*, por assim dizer —, perdendo pouco a pouco seus pontos de conexão, até que se torne impossível distingui-las de um rumor, de uma evidência do senso comum ou de um acontecimento indiscutível. Tente você mesma. De minha parte, sempre li — não sem certa perversidade — os artigos científicos como verdadeiros *thrillers* ou óperas.

Os enunciados — até então flutuantes — possuem agora um nome próprio: estão associados a uma profissão, a uma instituição, dispõem de um financiamento (com muita frequência, no fim do artigo são encontrados os nomes de quem os apoiou). Eles agora estão rodeados de colegas (coautores dos artigos ou colaboradores que são agradecidos nas notas); têm junto a eles oponentes e defensores: seja a montante do artigo, tomado como ponto de partida (aqueles autores cujos artigos são criticados ou confirmados e de quem é possível achar, nas notas, as referências, ou seja, os artigos *citados*), seja a jusante (aqueles que, depois e em outros artigos que podem ser localizados nas bases de dados digitais, confirmam ou invalidam seus argumentos; esses são os artigos *citantes*). Foram substituídos, dessa forma, enunciados sem ancoragem por uma situação de interlocução que se estende tanto a montante quanto a jusante. Seguir esses fios exige tempo, mas não apresenta problema algum.[2]

De todo modo, o exercício de colocar em "balão de diálogo" os enunciados apenas acaba de começar. Mesmo que o obtido não seja negligenciável, continua sendo insuficiente, pois sempre ficamos, precisamente, em uma situação de *interlocução*. Seria possível encontrar a mesma situação no balcão do Café Basile: seres humanos que falam com outros seres humanos. Se nos detivéssemos nisso, tudo ficaria reduzido a um papo. Ao social puro. E, portanto, se correria o grande perigo de ter reduzido a autoridade de um argumento ao gogó de quem fala mais alto, como nas discussões de bar.

Ora, os artigos eruditos têm ainda uma característica apaixonante: eles conseguem agregar *outros locutores* à situação de interlocução, locutores pouco falantes, até o momento em que se intrometem no que estão dizendo os humanos e — o que é ainda mais surpreendente — no que os humanos pretendiam afirmar sobre eles. É como se se tratasse apenas de falas, mas,

---

[2] Apesar da generalização das práticas de pesquisa, sobre a bibliografia científica não existe nada acessível, salvo de Michel Callon, Jean-Pierre Courtial e Hervé Penan, *La scientométrie*, Paris, PUF, "Que sais-je?", 1993, que pode se complementar com Yves-François Le Coadic, *La science de l'information*, Paris, PUF, 2004 [ed. bras.: *A ciência da informação*, Brasília, Briquet de Lemos, 1996].

na realidade, estamos no nível da escrita, ou, melhor ainda, do *inscrito*. Essa é, com efeito, a característica mais surpreendente dos artigos eruditos: que nada do que se diz em prosa deixa de remeter, no próprio texto, a uma *inscrição*; que o leitor examina o texto ao mesmo tempo com o olhar. Esta é a característica que nos permite reconhecer quase sempre se um texto é ou não científico.[3] Que fantástica fonte de autoridade, pois não será afirmado nada que não esteja garantido por um documento mobilizado exatamente em frente — o mais próximo possível — do que se afirma. Nos jornais ou revistas, são encontradas — evidentemente — fotografias, às vezes documentos, mas que cumprem a função de ilustrar. Pois bem, quando um artigo chega a ser erudito, não está apenas ilustrado, mas consegue mobilizar sobre a mesma página a própria questão sobre a qual ele fala. Em que podemos reconhecer que não se trata de uma simples ilustração? Notemos que as inscrições se encadeiam umas às outras em virtude de uma espécie de *cascata*, em que cada uma transforma ligeiramente a anterior e a seguinte: um quadro será retomado por uma equação, uma fotografia por um diagrama, um diagrama por um esquema, um esquema por um modelo. Quanto ao texto em prosa, há o esforço para que não seja escrito nada que não esteja inscrito bem debaixo do nariz do leitor.

---

[3] Ainda que exista uma ampla bibliografia sobre a visualização por meio das ciências, não existe nenhuma introdução facilmente acessível. O leitor poderá começar por Bruno Latour, "Les 'vues' de l'esprit", em Madeleine Akrich, Michel Callon e Bruno Latour, *Sociologie de la traduction: textes fondateurs*, cit., pp. 33-69; depois deverá continuar com as obras citadas na bibliografia desse artigo. Uma síntese recente está disponível em inglês, mas exige grande conhecimento da história: Lorraine Daston e Peter Galison, *Objectivity*, Chicago, University of Chicago Press, 2007.

Figura 3.3
Exemplo de dois artigos retirados da pesquisa.
À esquerda, Jean Rossier *et al.* À direita, Elifsu Sabuncu *et al.*

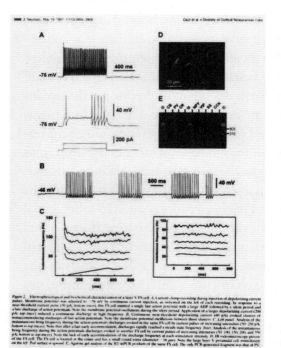
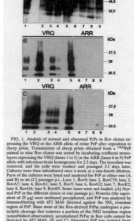

Há aqui um folheado, diferente do das técnicas, mas que tem o mesmo efeito prodigioso de mover montanhas: graças a uma disposição precavida desta cascata de inscrições, será possível *garantir* cada etapa do raciocínio por um juízo perceptivo do leitor, que sempre se referirá a elementos *mais simples* que o que está tentando provar. Os alunos às vezes se surpreendem: um artigo erudito de aparência complicada se embasa, na realidade, em inscrições com frequência sumamente simples. Mas, sem dúvida, esta simplicidade custa caro. Para obter essas inscrições, são necessários dias, anos de trabalho. Isso é advertido nas legendas que às vezes ocupam uma página inteira. Mas o juízo perceptivo deve ser simples. Se não o fosse, o argumento se perderia, visto que sempre é necessário — em caso de dúvida sobre o comentário — que se possa tornar a inspecionar com o olhar. Trate-se de quadros de cifras, ou então de equações, se vê o que se diz e se diz o que se vê (Figura 3.3).

Eu poderia agora avançar um pouco mais e passar, como Alice, para o outro lado do espelho dos textos, mostrando para você de onde podem vir todas essas inscrições. Com isso, desembocaríamos nos instrumentos de *laboratório*. E ali nossa tarefa de colocar em balão de diálogo começaria a se tornar realista de verdade: teríamos *repovoado* as ciências definitivamente. Sairíamos não apenas da conversa, da escrita, da prosa, do inscrito, das inscrições, mas chegaríamos — finalmente — a um mundo em três dimensões, a lugares muito particulares e pouco difundidos, muito equipados e instrumentados, muito custosos, e frágeis também, mas de difícil acesso e para onde só posso levar meus alunos através de um filme. Tenho paixão pelos laboratórios! Juro a você que quando entro em um laboratório, de qualquer disciplina, ainda que seja apenas por um minuto, meu coração acelera. Não há nada mais apaixonante, mais comovente. Vibro, compreendo, admiro, conheço. É verdade que esse é o âmbito em que fiz minhas primeiras armas — não como praticante, era um deplorável auxiliar, mas como etnólogo —, e ali aprendi a amar as ciências. À minha maneira, é verdade, mas com um amor verdadeiro. Sim, acredito que compreendo muito bem o que é a *libido sciendi*.[4] Sempre me

---

[4] "Paixão pelo conhecimento", em latim. (N. da T.)

sinto como Arquimedes, com impulso de sair nu da minha banheira gritando: "*Eureka!* Dê-me um laboratório e moverei o mundo".

Mas prefiro deixar o assunto do laboratório para mais tarde e abordá-lo de outro modo; iremos reservá-lo para outra carta, se você faltar a mais um curso (quase gostaria que você não assistisse, apenas para ter o prazer de explicar a você mais adiante este *amor laboratoris*!). Por enquanto, queria fazê-la sentir esta outra contradição que apresento aos meus alunos, a terceira desde o início do curso e que provavelmente explica as outras duas. A primeira contradição — caso se lembre — era, no relato de Plutarco, a que ocorria no duplo caráter da ciência: *ligada* a tudo e, ao mesmo tempo, *desligada* de toda preocupação prática ou política. A segunda era a contradição entre o grande relato de *emancipação* (quanto mais avançamos no tempo, mais se afastam as ciências e as técnicas das humanidades e subjetividades) e o relato de *vínculo* (à medida que avançamos no tempo, mais se entrelaça o "governo dos homens" com o "governo das coisas", retomando os termos do conde — e não do duque — de Saint-Simon). Em cada oportunidade, propus tomar essas contradições como objeto de estudo, e não como recurso. Mas esta, a terceira, parece quase impossível de ser convertida nesse sentido. A não ser que eu encontre uma solução para isso.

A grande vantagem que há, para mim, em seguir os discursos, desde as camadas de enunciados flutuantes até a bibliografia erudita de ponta, é que faço os alunos passarem, quase sem sentir, da interlocução à *demonstração*. Pois bem, isso é precisamente o que se supõe ser impossível de conseguir. Onde mostro — e se tivesse o tempo necessário multiplicaria as provas até esgotar sua paciência — que existe uma *passagem progressiva* de uma forma de discurso para a outra (como na Figura 3.2), aí mesmo a filosofia, o bom-senso e a opinião quase unânime dos professores e pesquisadores afirmam, ao contrário, *que é necessário escolher*: ou a interlocução — vamos dizer, a palavra, a *retórica* —, ou a demonstração, isto é, a ciência verdadeira. O que me interessa é esta nova contradição: através de meios empíricos elementares, faço meus alunos descobrirem que uma barreira supostamente intransponível pode ser atravessada e reatravessada cem vezes, sem a menor dificuldade, enquanto as mentes esclarecidas sustentam não apenas que essa barreira é tão imponente quanto a Muralha da China, mas que também *deve* permanecer insuperável para impedir que os Bárbaros destruam a Civilização... A situação se parece bastante com a dos marinheiros do Renascimento, cujas viagens provavam que era possível transpassar o equador sem cair na beira do mundo, enquanto certas pessoas instruídas continuavam afirmando, oitenta anos depois, que isso era impossível.

Isso significa dizer que ou você pratica a retórica, ou realiza uma demonstração.[5] Entre ter lábia e ter razão "de verdade" — como se costuma dizer —, é necessário escolher. Nenhuma distinção é mais sobredeterminada nem mais resguar-

---

[5] Sobre a diferença entre a retórica e a demonstração, é necessário remeter-se ao *Górgias*, de Platão, que a inaugura; ao livro de Barbara Cassin já mencionado, e ao clássico, constantemente reeditado, de Jean-Pierre Vernant, *Mythe et pensée chez les Grecs: études de psychologie historique*, Paris, La Découverte, 2005 (edição de bolso) [ed. bras.: *Mito e pensamento entre os gregos: estudos de psicologia histórica*, Rio de Janeiro, Paz e Terra, 1990]. Sobre um comentário do *Górgias*, pode-se ler, de Bruno Latour, *L'espoir de Pandore: pour une version réaliste de l'activité scientifique* (traduzido por Didier Gille), Paris, La Découverte, 2001, mais difícil que *La science en action*.

dada do que esta. E, no entanto, asseguro a você que nenhuma distinção é mais *contrária à evidência*! Oh, evidência! Quantos crimes foram cometidos em seu nome! Quanto trabalho obscuro se requer para que se perceba a sua claridade! Quantos desvios, dobras e complicações para capturar sua simplicidade! Esta questão da evidência tem um aspecto divertido: tanto do lado da retórica quanto do da demonstração, todos se apoiam nela, e nos dois lados (ainda que saibamos que não há dois lados!) sempre é necessário exibir uma extremada engenhosidade para ensinar *a fazer ver*.

Para fazer meus alunos compreenderem (com o risco de incomodar um pouco as feministas da sala), mostro-lhes, uma junto à outra, duas mulheres parcamente vestidas (Figura 3.4).

Figura 3.4
À esquerda, *Friné diante do Areópago*, de Jean-Léon Gérôme, 1861, Museu de Belas-Artes de Hamburgo; à direita, de Louis-Ernest Barrias, *A Natureza se revela diante da Ciência*, de 1902, encomendado para a grande escadaria do Conservatório Nacional de Artes e Ofícios (© Foto RMN-Museu de Orsay/René Gabriel Ojéda).

A primeira vem dos gregos (sempre os gregos!), de quando o grande advogado Hipérides, um tanto sofista, teve que defender a cortesã Friné contra uma acusação de blasfêmia. Estaria Hipérides carente de argumentos ou, pelo contrário, teria ele montado tão bem sua defesa que aquele foi o inevitável desfecho? O certo é que, no fim, como prova decisiva da inocência de sua cliente, com um gesto teatral, arranca sua túnica e a deixa nua no meio do tribunal deslumbrado. (Sim, eu sei, o quadro de Gérôme é terrivelmente convencional e pomposo.) Conclusão de todos esses velhos libidinosos: Friné é tão bela que *não pode* ser culpada. A evidência indiscutível, o resplendor da luz sobre sua pele branca, basta por si só: *Verum index sui*. Quanto à outra mulher com os seios descobertos, é uma estátua célebre de Barrias, de 1902, que mostra a "Natureza se descobrindo diante da Ciência", antigo tema machista que reencontramos em Bacon frequentemente associado à violação da natureza para fazê-la confessar seus segredos à ciência...[6] Não se trata mais de retórica nem de sofística, mas

---

[6] Sobre o tema da natureza pintada como uma mulher cujos segredos devem ser descobertos, pesquise o livro clássico de Carolyn Merchant, *The Death of Nature: Women, Ecology and the Scientific Revolution*, Londres, Wildwood House, 1980. Infelizmente, Merchant não foi traduzida para o francês. De acesso muito mais difícil, mas interessante, sobre o vínculo entre feminismo e ciência, é a obra de Donna Haraway, *Manifeste Cyborg et autres essais: science, fictions, féminismes* (antologia estabelecida por Laurence Allard, Delphine Gardey e Nathalie Magnan), Paris, Exils, 2007. Sobre essa mesma questão, a melhor introdução continua sendo a obra coletiva de Delphine Gardey e Ilana Lowy, *L'invention du naturel: les sciences et la fabrication du féminin et du masculin*, Paris, Éditions d'Archives Contemporaines, 2000. Barbara Cassin comentou o gesto de Hipérides em "The Evidence of Phryné or Phryné Stripped Bared by Rethoric Even", em Bruno Latour e Peter Weibel (orgs.), *Making Things Public*, Cambridge, Massachusetts, MIT Press, 2005, pp. 694-7.

de demonstração. Também então o resplendor da pele branca basta para convencer o homem de ciência — varão invisível e fora de cena — da verdade desnuda que sai de seu poço com uma evidência resplandecente. Novamente, *Verum index sui*: o verdadeiro é em si mesmo seu próprio índice.

Não é estranho que a retórica — do lado da política — tanto como a demonstração — do lado da Ciência com "C" maiúsculo — tenham necessidade da mesma figura da verdade desnuda, imediatamente capturada? Você conhece meu método e, portanto, não terá nenhuma dificuldade em retomar esta contradição, não como o que explicaria a distinção entre política e ciência, mas, ao contrário, como um *ligeiro matiz* cuja intricada história será necessário explicar. Um matiz na brancura da pele! Os gregos inventaram dois termos para essas duas evidências: a *epideixis*, para a retórica (essas famosas flores de eloquência, a arte da mentira e da manipulação, que florescem sobretudo no tribunal e na política); e a *apodeixis*, para a geometria (essa célebre necessidade indiscutível que deu lugar ao adjetivo "apodítico" e cujos encadeamentos rigorosos levam aos tratados e aos manuais de ciência). O que me parece em particular interessante é que essas duas atividades, que se julgam completamente opostas e em cuja batalha milenar fingiu-se acreditar, têm uma etimologia quase exatamente idêntica. Um indicador notável que não se deve negligenciar.

Eu já disse isso. Não há dois lados, mas apenas um com múltiplas ramificações, uma das quais foi chamada sempre "a retórica" enquanto a outra deveria denominar-se "retórica da não retórica". Seria mais simples reunir as duas sob um único guarda-chuva: o da única, santa, grande *eloquência*, que poderia ser definida como a arte e a ciência do *bem falar*, mas lembrando que difícil é *falar bem* das pessoas e, sobretudo, das coisas. De agora em diante, consideraremos a retórica e a demonstração não mais em oposição, mas como dois ramos da eloquência. É compreensível que Aristóteles tenha podido dizer da retórica que era "o resplendor necessário para o brilho da verdade". As humanidades científicas — e este é seu sentido mais profundo — consistem em seguir todas as provações capazes de ganhar ou não a convicção, todas as engenhosidades, todas as montagens, as astúcias, as descobertas, os truques, graças aos quais *se termina por fazer evidente uma prova de maneira tal que finaliza uma discussão permitindo que os interlocutores mudem de parecer sobre o assunto a propósito do qual se encontram reunidos*. Como você poderá apreciar, teríamos cometido um grave erro se tivéssemos *partido* da evidência e do indiscutível (apesar de que se trata de *chegar ali*). A evidência nunca é *evidente*, ao menos no início; quanto ao indiscutível, ele é sempre *discutido*, ao menos no princípio.

Esta maneira de compreender a elaboração progressiva das provas e da investigação às cegas da verdade difere completamente da cenografia habitual que supõe uma espécie de conflito entre as forças do verdadeiro e as dos preconceitos e das paixões.[7] Nesta outra maneira de ver, tão difundida, já não se descreve a transformação progressiva de enunciados que *acabam* sendo verdadeiros e de provas que *acabam* se fazendo evidentes: assume-se que os enunciados *teriam que ter avançado*

---

[7] Sobre esta assimetria, pesquise, de David Bloor, *Sociologie de la logique ou les limites de l'epistemologie* (traduzido por Dominique Ebnöther), Paris, Pandore, 1982; infelizmente, está esgotado. O leitor pode se remeter à edição original atual, *Knowledge and Social Imagery* (2ª edição com um novo prefácio), Chicago, University of Chicago Press, [1976] 1991 [ed. bras.: *Conhecimento e imaginário social*, São Paulo, Editora Unesp, 2009].

imediatamente *se não tivessem* sido *desviados* do caminho certo pelas combinações, traições, mal-entendidos, obstáculos e desvios. A noção de "composição" mudou completamente: não é outra coisa que o resultado de dois conjuntos de forças opostas através das quais a verdade abre caminho com dificuldade. As forças do mal só podem retardar as do bem. A sombra retórica só pode escurecer momentaneamente a claridade da demonstração. Quando esta acaba triunfando — o que, segundo dizem, é inevitável — não foi agregado nada ao que já havia no começo (Figura 3.5).

Figura 3.5
Este diagrama, inspirado no paralelogramo das forças, só tem uma semelhança superficial com os diagramas 3.1 e 3.2. Aqui o percurso do enunciado já não representa o movimento por desvios e composições, mas simboliza os conflitos sucessivos entre as forças contrárias da demonstração e da retórica. Se a retórica (setas verticais) não estivesse presente, o enunciado teria ido direto ao ponto (setas horizontais).

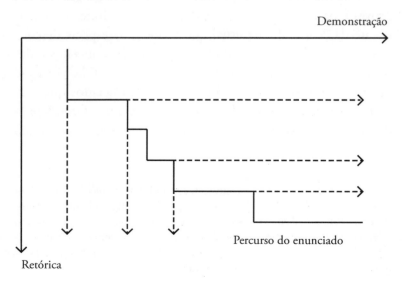

Correndo o risco de chocar novamente os historiadores, eu poderia extrair aqui e agora outra lei das que gosto de formular, e afirmar que quanto mais a retórica e a demonstração dependem uma da outra na prática, mais a teoria as separa radicalmente.

Explico-me: no momento mesmo em que se instaura uma comunidade científica europeia, questionadora, eficaz, bem equipada, com revistas renomadas, protocolos, experiências públicas, refutações, reproduções, patrocínios mais ou menos estáveis, incluindo academias, instrumentos mais bem estandardizados, coleções bastante completas, vale dizer, no momento em que essa comunidade pode finalmente exclamar: "*Nós pensamos*, e *graças* ao fato de sermos muitos, a termos apoio, sermos instituídos e instrumentados, temos acesso ao verdadeiro", o que acontece? É o momento escolhido por René Descartes em seu cômodo aquecido em Utrecht para inventar o *cogito*. "Penso. O pensamento pensa em mim." Admitamos que a contradição é demasiadamente forte. *Cogito* ou *cogitamus*, é necessário escolher; nisso reside todo o sentido do meu curso. Aliás, é o título que eu gostaria de dar a estas cartas, se você algum dia me autorizar a reuni-las em um volume: *Cogitamus*. E acho engraçado que tenhamos que ter esperado que aparecesse o estranho livro de Ludwik Fleck, em 1935, para voltar a ouvir falar — positivamente desta vez — de *Denkkollectiv*, de um "coletivo do pensamento". Por acaso durante três séculos cada pensador esteve pensando sozinho?[8]

---

[8] Sobre Descartes retomado em sua história, pesquise, de Stéphane Van Damme, *Descartes: essai d'histoire culturelle d'une grandeur philosophique*, Paris, Presses de Sciences Po, 2002. Também, Ludwik Fleck, *Genèse et développement*

Esta oposição entre retórica e ciência tem uma história venerável no Ocidente, e com o transcorrer do tempo ela tem se avivado ainda mais. No momento mesmo em que os matemáticos gregos inventam, por uma surpreendente série de procedimentos, a demonstração geométrica, tendo o maior dos cuidados de não tirar nenhuma conclusão que pudesse sair do marco voluntariamente restrito dos diagramas, Platão se apodera dela para inventar a oposição radical entre os sofistas e os filósofos. Será que Platão retoma assim a técnica geométrica e seus modos de visualização? De modo algum. Apenas os utiliza para imaginar uma conclusão *indiscutível* nos debates, nos alvoroços gerados pelas disputas que faziam estragos na ágora. É ele que inventa de fato a distinção entre *epideixis* e *apodeixis*, que — agora sabemos — não é outra coisa que um ligeiro matiz de procedimentos entre eloquências *mais fracas* e outras *mais fortes*. Contra isso tentavam se precaver os verdadeiros geômetras.[9]

---

d'un fait scientifique (traduzido por Natalie Jas, prefácio de Ilana Löwy, epílogo de Bruno Latour), Paris, Les Belles Lettres, [1934], 2005. Fleck é considerado, com justa razão, o inventor da sociologia das ciências.

[9] Sobre a invenção da prova indiscutível, pesquise o difícil, mas apaixonante, livro de Reviel Netz, *The Shaping of Deduction in Greek Mathematics: A Study in Cognitive History*, Cambridge, Cambridge University Press, 2003, e o comentário de Bruno Latour: "The Netz-Works of Greek Deductions: A Review of Reviel Netz's *The Shaping of Deduction in Greek Mathematics*", em *Social Studies of Science*, vol. 38, nº 3, 2008, pp. 441-59. O contraste com a história chinesa das ciências está magnificamente desenvolvido no livro, de mais fácil acesso, de Geoffrey Lloyd e Nathan Sivin, *The Way and the Word: Science and Medicine in Early China and Greece*, New Haven, Yale University Press, 2003.

E, saltando os séculos, eu poderia mostrar a você como Immanuel Kant, em plena Revolução Industrial, foi capaz de separar o conhecimento científico da razão prática, deixando de lado as coisas em si próprias. Em si próprias? As coisas? No próprio momento em que, pela primeira vez a atividade humana põe o cosmos de ponta-cabeça, no começo do Antropoceno, que propõe Kant? Fazer girar as coisas ao redor do Sujeito, em virtude do que chama, em contrapartida, uma "revolução copernicana"! Outro *cogito*, em vez de um rotundo *cogitamus*. E nem vou falar da prodigiosa contradição pela qual os positivistas do Círculo de Viena, entre as duas guerras, põem-se a inventar uma linguagem sem nenhuma mediação, no preciso momento em que a física, a biologia e a tecnologia haviam conseguido finalmente introduzir suas mediações na manufatura de toda nossa existência e no seio de todos os exércitos.[10] Não, asseguro a você: Kant teria tido com que se distrair — em relação a essa lei da história —, se não fosse porque esta constante contradição havia feito todas as grandes questões da existência coletiva se tornarem insolúveis.

Mas me entusiasmo e vou demasiadamente rápido. (Você já deve ter se dado conta de que não sou muito bom pedagogo...) Além disso, estou agindo de má-fé, porque sei perfeitamente que todos esses admiráveis pensadores tinham excelentes razões para colocar uma barreira entre retórica e demonstração. Afrontavam monstros que acreditavam ser convenien-

---

[10] Não há livros de fácil acesso sobre a história desta filosofia; é necessário se remeter a Georges A. Reisch, *How the Cold War Transformed Philosophy of Science: To the Icy Slopes of Logic*, Cambridge, Cambridge University Press, 2005.

te combater: lembre-se de Platão lutando com as massas estridentes e questionadoras, com aquela impossível ágora; pense nesse Círculo de Viena nas garras dos nazistas e soviéticos. Mas essas excelentes razões são, justamente, *políticas* e *de modo algum científicas*. Este é o ponto essencial: nenhuma das distinções entre ciência e política, demonstração e retórica apontam para *descrever* o fenômeno apaixonante da lenta e difícil tarefa de obter uma prova científica. Esta distinção tem um único objetivo: construir uma grande história polêmica no curso da qual as forças da razão resistem durante longo tempo aos embates das forças do desatino até o triunfo final, aliás inevitável. Estas distinções são polêmicas e, ao mesmo tempo, conceitos de *combate*. Este combate talvez se justifique, mas se algo não permite a compreensão é a própria ciência. Se — como disse Ésquilo — "Em uma guerra, a primeira vítima é a verdade", na polêmica sobre as ciências, a primeira vítima é a verdade sobre as ciências. Esta é a razão pela qual preveni você de que não podemos, nem devemos, entrar em um acordo sobre sua história.

Talvez a surpreenda com o que vou dizer — sobretudo depois do que estive dizendo desde o início —, mas, para compreender bem as relações entre ciências e política, primeiro é necessário libertar-se das definições *polêmicas* sobre a atividade científica. É estranho, eu reconheço, mas para aprender a politizar as ciências, é necessário primeiro despolitizá-las! Nisso reside a grande injustiça da invenção destas palavras (que evitei até o momento e evitaria até o fim do curso): a palavra *racional* e, sobretudo, seu antônimo — essa marca de desonra —, *irracional*. Nascido nas batalhas, esse par de antigos combatentes marcou muitas polêmicas e irritações para nos indicar os caminhos que a razão deve seguir de agora em diante. Pois bem, esses caminhos — os da *razão* — são os que as humanidades científicas devem aprender a percorrer.

Espero que você, pouco a pouco, vá percebendo como vamos nos aproximar da questão que você me expôs no início. Enquanto isso, desejo a você uma boa semana de provas.

Afetuosamente...

Quarta carta

Estimada aluna,

Concordo. É minha culpa. Sei que você já tem suficientes horas de aula; é o problema de nossa escola: os estudantes ficam tão carregados quanto os burros. Dito isto, considero suas objeções tão justas que a perdoo com muito prazer, ainda mais por seu diário de bordo transbordar casos fantásticos. É preciso reconhecer que, entre a pandemia de gripe H1N1 e as soçobras da Reunião de Copenhague, não corremos o risco de ficar sem material... Acredito que agora, diante da proliferação de controvérsias sobre feitos que aparentemente seriam os mais aptos para obter o acordo universal dos espíritos, todos os alunos compartilham a angústia que você sentia no início.

Ao ler o livro de Alexandre Koyré (1892-1964), você se deparou com a verdadeira questão sobre filosofia da história que já a preocupava durante nossa primeira conversa e que fez com que você decidisse continuar este curso. Você tem razão, essa questão essencial é a que vincula as três contradições que sinalizamos até aqui. A primeira, que obriga a abordar as ciências em sua dependência e, simultaneamente, em sua autonomia; a segunda, que nos força a compreender a mesma história como um grande relato de emancipação e como uma multiplicação de correlações cada vez mais íntimas; e a terceira, a que nos convida a acreditar em uma distinção radical entre demonstração e retórica, sem deixar de nos mostrar que essa mesma distinção não tem sentido. Sim, você percebeu com toda a clareza: a grande questão é estabelecer se somos os herdeiros da "revolução científica" ou se herdamos outra história infinitamente mais complicada.[1]

Na época de Koyré, nem sequer se concebia a questão: todos sentiam com clareza que se havia passado — como diz o título de seu livro — "do mundo fechado ao universo infinito". O mundo fechado, naquela época, era o cosmos do mundo antigo, o da Idade Média e o de Aristóteles (e também os cosmos indígenas: exóticos, tropicais, estudados pelos etnólogos). "O universo", ao contrário, era o efeito dessa sucessão de revoluções — de Copérnico a Laplace —, pelo qual se tinha a certeza de viver, desde então, para sempre. No início da década de 1950, Koyré tinha essa certeza, enquanto nós, no começo do século XXI — e aí se encontra a acuidade de sua pergunta —, *não a temos mais*. É como se tivéssemos deixado de viver nesse universo infinito; como se tropeçássemos novamen-

---

[1] O clássico livro de Alexandre Koyré, *Du monde clos à l'univers infini*, Paris, Gallimard, 1962 (disponível em edição de bolso, coleção "Tel") [ed. bras.: *Do mundo fechado ao universo infinito*, Rio de Janeiro, Forense Universitária, 1979], junto com o de Thomas Kuhn, *La structure des révolutions scientifiques*, Paris, Flammarion, 1983 (também em edição de bolso de "Champs") [ed. bras.: *A estrutura das revoluções científicas*, São Paulo, Perspectiva, 1975], formam a base indispensável para as humanidades científicas. Para dispor de um contraste crítico, é possível agregar àqueles dois o de Paul Feyerabend, *Contre la méthode: esquisse d'une théorie anarchiste de la connaissance*, Paris, Seuil, 1979 (também em edição de bolso da coleção "Points") [ed. bras.: *Contra o método*, São Paulo, Editora Unesp, 2007], e se o que se procura é uma versão mais histórica e de fácil acesso, é possível recorrer ao livro de Steven Shapin, *La révolution scientifique*, cit.

te em um mundo fechado, obrigados a habitar um cosmos. Ademais, me parece que o vasto material reunido em nossos diários de bordo nos permitirá esboçar uma resposta para a sua pergunta.

Há alguns dias, em Copenhague, me vi diante de um edifício imponente: a Torre Redonda, o observatório mais antigo da Europa (é o que diz a placa), fundado pelo rei Christian IV em 1642 e integrado a uma igreja onde está exposto o busto de Tycho Brahe (1546-1601), o grande astrônomo também patrocinado pelo rei. Estamos em pleno século XVII e, portanto, em pleno período "revolucionário".

Contudo, o que mostra a inscrição ao pé da estátua é um "belo agregado", um cosmos, em virtude do qual um príncipe reconstrói, em memória de um astrônomo apreciado, em uma igreja reformada, uma ciência nova para um novo poder e um novo Deus.

Mas o que me fascinou ainda mais é que, a trezentos metros do observatório do rei Christian, na fachada do edifício em que se reuniam os negociadores de Copenhague (foi um mês antes do fiasco da reunião dos chefes de Estado sobre o aquecimento climático), havia outro exemplo do vínculo ainda mais explícito entre uma ciência, uma organização, os príncipes e um público. Veja você este cartaz: "*Bend the Trend!*" ["Desviemos a tendência!"]. Observe o gráfico. Em cinza-escuro é possível ver o que nos acontecerá, a todos os terrestres, se não fizermos nada; em cinza-claro está o que nos aconteceria se conseguíssemos nos entender para controlar o nosso desenvolvimento:

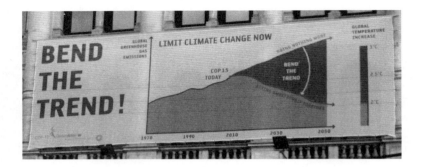

Não se trata mais — como era para Tycho — de observar o céu para a maior glória de Deus e de um príncipe, senão de se decidir agir ou não para modificar o quadro comum de nossa existência coletiva. Passaram-se quatrocentos anos, mas sempre existem os príncipes e os homens de ciência e... há muito mais príncipes e muito mais cientistas! É provável que você me considere um pouco obcecado, mas ali vi uma verificação de uma de minhas leis da história, visto que, quatro séculos depois, o vínculo entre a assembleia política e o curso da natureza é ainda mais explícito e, ao mesmo tempo, mais íntimo.

Você também tem razão de se concentrar no *climategate*; é, realmente, um exemplo fascinante. Os "climacéticos", que inclusive alguma vezes já foram chamados de "negacionistas", parecem atualmente capazes de fazer pender a balança. Do *Le Monde* de

23 de novembro de 2009: "— 'Os climacéticos' fazem circular, nos meios de comunicação e na internet, informações que desmentem a influência das atividades humanas no clima. Essas informações refletem um verdadeiro debate científico? — [Thomas Stocker] Não. Aliás, eu não classificaria essas pessoas como 'céticas', pois o ceticismo é uma postura necessária para produzir todo o progresso da ciência. Chamaria essas pessoas, de preferência, de 'negadoras' ('*deniers*', em inglês), termo mais apropriado, visto que ignoram os dados que as ciências do clima tornaram evidentes há quarenta anos. E se o discurso desses negadores se intensifica, isso acontece porque é agora o momento de tomar medidas intensas, a fim de que seja estabelecido um objetivo climático e nossas emissões sejam reduzidas".

Todo o alvoroço que se armou em torno desse assunto demonstra como os jornalistas, os políticos e inclusive os cientistas estão mal preparados para acompanhar uma controvérsia mais ou menos vivaz. Alardear que é fraude porque os pesquisadores discutem entre si e não conseguem reunir as provas daquilo que lhes fazem dizer do clima! E que imaginavam? Que o clima falaria por si mesmo?

Gostaria de abordar a sua inquietude por meio da página de um livro de Owen Gingerich, notável de qualquer ponto de vista, sobre a difusão da muito pouco lida obra de Copérnico.[2]

---

[2] Com relação à interpretação desta imagem, verifique o apaixonante livro de Owen Gingerich, *The Book Nobody Read: Chasing the Revolutions of*

Foi tirada do diário de bordo — se é que se pode chamar assim — que Galileu mantinha — como você e como eu — e é datada de 19 de janeiro de 1610. Nela vemos um dos primeiros desenhos das crateras lunares entrevistas por Galileu com sua primitiva lente astronômica. Esse mesmo desenho deixou tanto os historiadores da arte quanto os da ciência apaixonados, pois se Galileu não tivesse sido um bom desenhista — e desenhista acostumado a seguir as leis recém-descobertas da perspectiva —, nunca teria interpretado as sombras que via sobre a Lua como a projeção de montanhas; de certo modo, não teria "visto" nada em sua lente, a não ser algumas manchas furta-cor. (Digo isso para lembrá-la de que as evidências apenas são evidentes graças a uma grande quantidade de condições prévias. O que não é equivalente a dizer que "alguém vê *apenas* aquilo que já conhece". Significa que alguém só pode descobrir coisas novas com a condição de *aprender a ser* sensível àquilo que deve impressionar nossos sentidos.) O que me chama a atenção nessa página é que, justamente debaixo da Lua, desenhada pela primeira vez, descobrimos o esboço de um horóscopo que Galileu calculava para o aniversário de seu senhor e mecenas (atualmente diríamos *sponsor*) Cosme II de Médici (1590-1621). Você não acha que esta página resume bastante bem nosso problema? (Figura 4.1)

Nicolaus Copernicus, Nova York, Penguin, 2004, a respeito das anotações feitas ao longo do tempo pelos leitores do livro de Copérnico. A propósito do mesmo episódio, é possível ver também o encantador livro de Erwin Panofsky, *Galilée, critique d'art* (traduzido por Nathalie Heinich), seguido de *Attitude esthétique et pensée scientifique*, de Alexandre Koyré, Bruxelas, Impressions Nouvelles, 2001.

Figura 4.1
Galileu Galilei, "Bifólio das Sete Luas", 2v, Ms 48,
Biblioteca Nazionale Centrale di Firenze, reproduzido em
Owen J. Gingerich, *The Book Nobody Read*, cit., p. 198.

A primeira solução consistiria em eliminar o desenho de baixo, esquecendo pudicamente que o Galileu que "revoluciona" a astronomia é o mesmo que faz um horóscopo. Assim procedeu a maior parte dos tratados desde o século XIX: publicaram a parte de cima dessa página, cortando a parte de baixo! Isso porque essa censura era bastante cômoda: esquecendo por tempo suficiente e com grande obstinação que se trata da mesma página, pode-se dar a impressão de um Galileu genial que descobre a astronomia "fora de contexto". "Fora do solo", como se fala das hortaliças cultivadas. Basta ignorar a história das ciências com bastante afinco para que as ciências deixem de ter alguma história...

A segunda solução é mais honesta, mas nem por isso mais crível: consiste em conservar toda a página, ainda que seja para explicar que Galileu possui uma alma "dividida entre dois mundos": a "modernidade", representada por seu desenho da Lua, e "os resquícios de apego a um passado místico e arcaico". É possível perdoá-lo com boa vontade porque, nessa época, sem Centro Nacional de Pesquisas Científicas e sem Instituto Max Planck, o pobre infeliz tinha que viver às custas de um príncipe. A julgar por esse relato, o de que estava conectado a esse "resquício de arcaísmo", Galileu teria sido completamente moderno e apenas desenhado crateras lunares, e nada de horóscopos. Assim como a própria Lua, o "pai da revolução científica" — como é chamado — tem seu lado luminoso voltado ao Iluminismo e seu lado sombrio submerso na obscuridade. Dessa forma, Galileu chega a ser uma figura de "transição" entre o antigo cosmos — onde os horóscopos ainda eram úteis para bajular um cortesão — e a Lua do universo, que muito em breve seria infinito. Com similar interpretação (da "transição à modernidade"), transformamos Galileu não em uma personalidade múltipla em um mundo múltiplo, como qualquer um de nós, mas sim em um esquizofrênico em um mundo também dividido em dois. O grande epistemólogo francês Gaston Bachelard teorizou ao extremo sobre essa dualidade, tornando essa esquizofrenia a própria definição do cientista em busca de seu "espírito científico". De acordo com ele, o pesquisador seria aquele que luta consigo mesmo, que sempre se subtrai do passado escuro que ameaça devorá-lo.

Em outro livro, aliás, desenvolvi o enfoque de que esta ideia de um *front* sempre adiado e renovado da Ciência é o que permite definir dois termos particularmente obscuros: "modernidade" e "modernização". É moderno quem foge de um passado em que a verdade dos feitos e as ilusões dos valores se misturam de um modo inextricável; é moderno quem pensa que, em um futuro próximo, a Ciência finalmente vai se apartar, de forma completa, da confusão arcaica com o mundo da política, dos sentimentos, das emoções, das paixões. O moderno, o modernizador, é, portanto, aquele que sempre está fugindo em direção a um futuro radiante, que só é possível capturar quando em contraste com um passado odioso.[3]

Existiria uma terceira solução? Acredito que sim, mas com a condição de que essa grande encenação do *front* de modernização incessantemente deslocado para a frente seja um pouco modificada. Estou certo de que você percebeu a estranheza da versão precedente, que pintava todos os cientistas como almas "liberadas" em tudo o que têm de moderno e "atadas" ao que ainda conservavam de arcaico. O que aconteceria se essa estranha psicologia fosse modificada e tanto as fontes de conexão com o passado quanto os graus de liberdade fossem redistribuídos? Tentaríamos seguir, de preferência, em um determinado período, a *lista dos seres* aos quais os cientistas se sentem *apegados* e que se esforçam para *recombinar*, para levar em conta a multiplicidade das *injunções contraditórias* que sua época parece lhes impor. A encenação mudaria em um instante. As almas não estariam mais divididas entre a vinculação e a desvinculação; isso não faria sentido algum. Tais almas teriam obrigato-

---

[3] Sobre as definições destes termos: moderno, modernização, modernismo, leia, de Bruno Latour, *Nous n'avons jamais été modernes: essai d'anthropologie symétrique*, Paris, La Découverte, 1991 [ed. bras.: *Jamais fomos modernos: ensaio de antropologia simétrica*, São Paulo, Editora 34, 1994].

riamente seus vínculos, suas ligações, mas se esforçariam para *unir de outra forma* os elementos disjuntos quando eles se tornam pouco a pouco incompatíveis entre si.

Pois bem, para abrir semelhante via para a descrição empírica dos mundos científicos, seria necessário abandonar integralmente a grande narrativa da revolução científica. Você bem sabe que os historiadores ficam horrorizados diante desse anacronismo que transforma as pessoas do passado em precursores de um futuro que não conheciam e em direção ao qual não tendiam. Infelizmente, no caso das ciências, esta história retrospectiva tem diante de si um futuro venturoso: de Arquimedes a Hawking, é como se nunca tivesse havido mais que um único grande movimento contínuo, um único gesto heroico, em que cada cientista apenas teria sido um ator balbuciante e transitório. Se pudéssemos nos desfazer desse erro de método, não passaríamos mais de um cosmos (arcaico e finito) a um universo (moderno e infinito), mas, sim — e aqui reside toda a dificuldade —, passaríamos de um cosmos a *outro cosmos*, em que os seres antigos, tanto quanto os novos, teriam sido *rearranjados* de forma gradual. Inclusive, se quiséssemos resumir em apenas uma frase a filosofia dessa história alternativa das ciências, seria preciso dizer que passamos de um cosmos — o do século XVII — a outro cosmos — o do século XXI — depois de um período, no fim bastante curto, em que *teríamos residido* em um universo, ou, melhor ainda, em que teríamos *acreditado* estar em um universo antes de nos darmos conta *retrospectivamente* de que se tratava de um cosmos como os demais, mas com *outros* ingredientes *diferentemente* combinados. Então, para periodizar grosseiramente esses episódios imensos, primeiro distinguiríamos a época do — ou, mais precisamente, dos — *cosmos*; em seguida, do século XVII ao século XX, a do *universo*; e, depois, o que haveria de chamar, de acordo com o belo termo de William James, o *multiverso*... (Se você acha que estou indo muito rápido, sinto muito, não é minha culpa; acontece que tenho que resumir várias sessões...)

Na verdade não é tão difícil se isso for feito passo a passo. Em primeiro lugar, deveríamos considerar de maneira mais séria esse termo: "revolução".[4] Podemos revisar a "revolução científica" do mesmo modo que os historiadores não cessaram, desde Tocqueville, de reexaminar a "Revolução Francesa". Houve, claro, acontecimentos trágicos que foram interpretados por alguns de seus protagonistas utilizando o tema da "revolução", mas podemos dizer que por isso esses acontecimentos eram "revolucionários"? Aos olhos de Tocqueville, e mais recentemente de todos os que, depois dele, reinterpretaram a história, esta seria uma conclusão demasiadamente rápida. Ainda mais porque o termo "revolução", no sentido de uma subversão radical que permite traçar uma linha distintiva entre o passado e o futuro, provém das ciências, e de modo algum da política. Basta ler o excelente livro do mestre francês da etimologia, Alain Rey, para reparar que na realidade foram os cien-

---

[4] Sobre o termo "revolução", ver, de Alain Rey, *"Révolution", histoire d'un mot*, Paris, Gallimard, 1989. Sobre um exemplo de corte radical, ver, de Bernadette Bensaude-Vincent, "Lavoisier: une révolution scientifique", em Michel Serres (org.), *Éleménts d'histoire des sciences*, cit., pp. 363-86. A respeito de outra periodização, ver, de Stephen Toulmin, *Cosmopolis: The Hidden Agenda of Modernity*, Chicago, University of Chicago Press, 1990. O livro essencial sobre todo esse período é o de Elisabeth Eisenstein, *La révolution de l'imprimé dans l'Europe des premiers temps modernes*, Paris, La Découverte, 1991; Hachette "Poche", 1993.

tistas que transformaram pouco a pouco o sentido tradicional (o que concebe o revolucionário como aquele que volta, ciclicamente, *ao mesmo*; por exemplo, os astros e as estações) em um sentido, com efeito, novo, de uma subversão tão absoluta de um passado *para sempre* ultrapassado. E se chega a essa mudança em virtude de uma amálgama entre "A Revolução Gloriosa" inglesa — concebida, aliás, como uma Restauração da ordem perturbada — e a "revolução química" de Lavoisier, que ele tenta a todo custo separar de forma radical da alquimia, à qual se juntarão, finalmente, as "revoluções do Globo" descritas por Cuvier: os imensos cataclismos geológicos. Assim como a palavra "racional", "revolução" é, portanto, um termo de guerra na boca de combatentes que procuram tornar irreversíveis as transformações que, sem sua intervenção, correriam o risco de se reverter bastante depressa. Esse termo, cheio de ardor belicoso, é o que os revolucionários tomariam dos cientistas para marcar no âmbito da política uma ruptura igualmente radical, tornando-a — assim ao menos acreditaram — irreversível.

Negar que a revolução científica ou — ainda melhor — que as revoluções científicas tenham sido revolucionárias não é equivalente a dizer que nada aconteceu. Não se trata — como se poderia pensar de forma apressada — de uma posição "reacionária"; aliás, você compreenderá facilmente que os dois termos, "revolução" e "reação", nascem da mesma filosofia da história. Quer dizer que, no curso de grandes acontecimentos, dramáticos, trágicos, decisivos — escolha o adjetivo mais grandioso que você quiser — aconteceu, entretanto, algo completamente diferente do que sugere a interpretação da revolução radical. (Além disso, você pode continuar com as "revoluções" soviética, islâmica, digital, sem se esquecer das "industriais";

cada vez que o termo for utilizado, acenda a luz de *warning*...) Peter Sloterdijk — que, de acordo com o que sei, é muito combatido na Alemanha — propõe o termo, muito esclarecedor em minha opinião, "explicitação": "A história é a da Explicitação, e não a da Revolução ou a da Emancipação".[5] A seus olhos, a história nunca rompe com o passado, mas permanentemente torna explícitos cada vez mais elementos com os quais temos que aprender a viver, elementos que serão compatíveis ou incompatíveis com os já existentes.

Será que o que comentei com você é o suficiente para fazer surgir o contraste entre interpretar a página do diário de bordo de Galileu de acordo com os modelos opostos da revolução e os da explicitação? Se escolher o primeiro, irá se perguntar como um homem profundamente original, moderno e racional como Galileu podia condescender a ainda traçar horóscopos no ano de 1610. Mas, com o segundo, você tentará compreender que *outros elementos* terão que ceder seu lugar a partir do momento em que Galileu agregar ao cosmos uma Lua feita da mesma matéria — aparentemente corruptível — que a Terra. Será necessário abandonar o geocentrismo; já os horóscopos, aparentemente não; a fé católica, tampouco; a interpretação literal de certos episódios da Bíblia, sim; já o patrocínio principesco, definitivamente não... E assim irá passando, de elemento em elemento, cada um dos quais será avaliado, julgado, modificado, recombinado. Dito de outro modo, será pedido à história das ciências que designe o que é compatível

---

[5] A obra de Peter Sloterdijk, *Écumes. Sphères III* (traduzida por Olivier Mannoni), Paris, Maren Sell, 2005, pode oferecer outras pistas sobre a ideia de humanidades científicas pelo interesse colocado nas condições da cultura material que permitem o surgimento da sobrevivência dos seres humanos.

e o que não é, que rechace completamente o estranho costume de submeter os cientistas da época a esta inquisição, por meio da qual se enumeraria tudo aquilo ao que aderem em duas listas: uma para o que têm de arcaico, outra para o que teriam de "moderno". Ou ainda dizer: os cientistas serão libertados da esmagadora obrigação de se liberar constantemente de um passado que os acorrentaria.

Para fazer este exercício — o terceiro que peço a todos os meus alunos —, reutilizo a palavra "cosmos", mas tomando-a no sentido que costumam lhe dar os antropólogos: *o arranjo de todos os seres que uma cultura particular reúne em formas de vida prática*. E quando os antropólogos dizem "todos os seres", devemos ter um espírito amplo e o coração aberto: são os deuses, os espíritos, os astros, tanto quanto as plantas, os animais, a parentela, os utensílios ou os rituais. Eu poderia utilizar a palavra "cosmologias", no plural, mas isso daria muita coerência a conjuntos de vínculos que devem ser explorados um a um e, frequentemente, na desordem e no modo da bricolagem. Se a história retrospectiva supõe um erro de método, encerrar os seres do passado em cosmologias muito sistemáticas também seria. É por isso que pego emprestado de meu amigo John Tresch o termo, mais modesto, "cosmograma".[6] Então, peço aos alunos que, a partir de um caso atual, reconstituam os cosmogramas das diferentes partes que participam da controvérsia. Eles devem aprender a *descrever as associações de conveniência, de coexistência, de oposição e de exclusão entre*

---

[6] Não existe outra definição do termo que a referida por John Tresch em seu artigo "Cosmogram", publicado em Melik Ohanian e Jean-Christophe Royoux (orgs.), *Cosmograms*, Nova York, Lukas and Sternberg, 2005; mas este livro não é fácil de encontrar.

seres humanos ou não humanos cujas condições de existência vão pouco a pouco se tornando explícitas no transcurso das provas submetidas pelas disputas.

Por exemplo, na controvérsia do *climategate*, não é apenas o clima que está em jogo. Cada um dos protagonistas colocará a ênfase em uma disciplina que lhe pareça mais confiável, em um tipo de dados mais ou menos convincentes, mas também em um procedimento de validação, na confiança que inspira um tipo particular de especialistas. Não é que a Ciência esteja de um lado e o disparate de outro, mas, antes, ocorre a eleição de uma ciência em meio a outras e, inclusive, dentro dessa mesma ciência, de uma forma de fazer, de um paradigma, de um estilo de pesquisas, até de um centro de pesquisa particular cujos resultados inspiram maior confiança. Mas os protagonistas diferem também pela nacionalidade, o modo de financiamento, as ideias que têm sobre o desenvolvimento econômico, a política, as condições de vida que imaginam para seus filhos e também pelas memórias que têm do clima de sua infância. Não se trata apenas de que têm "valores" diferentes ou "visões de mundo" distintas, mas sim de que, diante de um novo acontecimento, deverão traçar novamente, para si mesmos, no calor da discussão com seus aliados ou seus adversários, a rede completa daquilo em que creem e daquilo que lhes importa. Traçar os cosmogramas significa se tornar sensível a essas listas de associações e de duelos lógicos *sem recorrer* à distinção entre o racional e o irracional, o moderno e o arcaico, o sistemático e o assistemático.

É verdade que, na boca dos antropólogos, um "cosmos" ou uma "cosmologia" se refere, com mais frequência, àquilo que dura ou que apenas se modifica lentamente ou por catástrofes repentinas. Aliás, esta é a razão de existir semelhante tendência de lhe conferir o caráter de um sistema, de uma estrutura, de uma lógica. Ora, eu utilizo a noção de "cosmograma" para seguir associações que parecem, pelo menos desde o Renascimento, constantemente perturbadas. Por quê? Por causa da irrupção de novos seres aos quais não se permite que sejam inseridos na trama usual das "cosmologias indígenas". De onde vêm esses novos seres? Um pouco de todo lugar, e certamente da imensa circulação dos mercados e do comércio, das inovações dos ateliês, dos achados que surgem nos estúdios dos artistas, das guerras e das desgraças dos tempos, sem esquecer os ratos, os micróbios e as pestes, mas também, em uma proporção nada desdenhável, desses lugares que são chamados de *laboratórios* e cuja importância e ubiquidade não deixaram de crescer desde o século XVII... e aos quais eu gostaria muito que meus alunos se apegassem. Queria tentar introduzi-los na vida de laboratório sem submergi-los de imediato na grande narrativa da revolução científica. Como falaríamos de nosso passado se fôssemos capazes de restituir as proezas da ciência uma vez libertas da crença de que essas proezas nos teriam feito passar do cosmos finito ao universo infinito? Espero poder mostrar a você, em seguida, que, ao nos permitirmos herdar outro passado, provavelmente estamos em condições de imaginar outro futuro.

Na carta anterior eu já a havia deixado às portas do laboratório, bem na interface, fina como uma folha de papel, na qual o texto em prosa de um artigo publicado por uma instituição científica insere — de uma forma que tem variado constantemente há três séculos — o documento extraído de um *instrumento* qualquer. É necessário levar a sério essa bela palavra "instrumento", o que permite *instruir-nos*. Do laboratório saem textos em que, de uma maneira ou de outra, as coisas das quais falamos testemunham elas mesmas essa mistura tão particular de diferença e de semelhança entre uma prosa e a inscrição que comenta. Dessas formas originais de visualização, por uma admirável sucessão de invenções, surgiram todas as provas que chamamos de científicas.

Na realidade, o laboratório amalgama muitas tradições diferentes. Descende, em primeiro lugar, do *ateliê* do artesão.[7] Nesse ateliê, desde o fim do Neolítico, os materiais — a argila, os metais, o vidro, a madeira, os têxteis, o couro, os álcoois — são transformados por mãos cada vez mais especialistas de artesãos cada vez mais especializados. Submetido ao fogo, à pressão, ao amassamento, ao estiramento, à fermentação, eis que cada ser do mundo perde sua aparência para adquirir uma completamente diferente. A lista de qualidades que definiam a areia ou a argila se transformou por completo: a areia aquecida se converte em vidro transparente; a argila se converte em

---

[7] Não há síntese alguma sobre a história do laboratório, e apenas existem obras especializadas, algumas centradas na etnologia dos laboratórios, como a de Bruno Latour e Steve Woolgar, *La vie de laboratoire*, Paris, La Découverte, 1988 [ed. bras.: *A vida de laboratório*, Rio de Janeiro, Relume Dumará, 1997], ou a de Sophie Houdart, *La cour des miracles: ethnologie d'un laboratoire japonais*, Paris, CNRS Éditions, 2008, e estudos por disciplina como o de Adèle Clarke e Joan Fujimura (orgs.), *La matérialité des sciences: savoir-faire et instruments dans les sciences de la vie*, Paris, La Découverte, 1996; e outros mais técnicos como Karin Knorr-Cetina, *Epistemic Cultures: How the Sciences Make Knowledge*, Cambridge, Massachusetts, Harvard University Press, 1999. Provavelmente, o melhor seja ler o excelente e bastante acessível livro de James D. Watson, *La double hélice*, Paris, Robert Laffont, 1968 (edição de bolso), que situa com precisão o lugar da experiência e das práticas de laboratório na existência cotidiana dos pesquisadores no transcurso de uma descoberta de importância capital.

cerâmica; o suco de uva passa a ser uma bebida forte. Muito antes de existirem os laboratórios, existiam esses lugares um pouco misteriosos, de segredos às vezes zelosamente guardados, nos quais se metamorfoseavam os materiais do mundo. *Através do* ateliê e *no* ateliê, o mundo vai mudando de qualidades. A *Enciclopédia* de Diderot se maravilha com isso, e com razão. Em medicina, em biologia, em física, em arquitetura, em óptica ou em armamento, o artesão precede sempre ao engenheiro, a quem o cientista tenta alcançar de longe. A situação apenas consegue se inverter em um período já bem avançado do século XIX, e somente no caso de alguns ofícios. Ainda hoje, se você entrar em um laboratório, irá se assombrar ao ver a multiplicidade de provas às quais submetem os seres dos quais falávamos antes, pesquisadores definidos antes de tudo pela habilidade de seus gestos, pelo cuidado que dedicam a seus instrumentos, pela dureza e pela extensão de seu aprendizado. Não há dúvida de que as mesas abarrotadas de um laboratório contemporâneo conservam algo do ateliê do artesão, para não dizer do forno do cozinheiro.

Tudo isso é bem conhecido. Mas talvez você se assombre se digo que o laboratório descende também do *escritório*, ou, mais precisamente, desses lugares tão protegidos quanto o ateliê do artesão, em que se inventaram durante milênios isso que fazemos bem em chamar de "tecnologias intelectuais". A prova do fogo metamorfoseia os materiais mais diversos. Mas há outros tipos de provações, não menos materiais, que são capazes de metamorfosear atividades "concretas" em atividades "abstratas" e de transformar pouco a pouco cérebros comuns em cérebros de sábios!

Você pode se transportar por meio do pensamento à câmara fresca de um celeiro de trigo na Mesopotâmia, alguns milênios antes da nossa era, e se imaginar equipada com um estilete de chifre e uma tabuinha de argila? A princípio, sua função seria, a serviço de seu amo, marcar com um sinal cada fardo de grão que entrasse ou saísse desse celeiro.[8] Dizendo de outra maneira, peço a você que se ponha no papel de um escriturário mesopotâmico... O que vai acontecer em seguida? Você e os demais escribas (ainda que eu duvide que tenha havido mulheres nesse cenáculo) se encontrarão rodeados de tabuinhas que marcam, de diversas formas, a entrada e a saída dos grãos, as placas de sal, os zebus, as peles de cordeiro etc. Inevitavelmente, você e também os demais escribas começarão a considerar essas marcas, não mais vinculando cada uma com um fardo ou uma placa, mas, sim, *entre si*. Rapidamente você esquecerá — ao menos durante uma parte de seu tempo — que o objetivo desta burocracia é servir ao príncipe e validar as dívidas e os impostos. Simplesmente, começará a contar *por contar*. Em pouco tempo, submeterá os aprendizes a exames referentes não a esse ou àquele bem, mas, sim, a tal ou qual *signo* desses bens. Irá *abstrair* signos para associá-los a outros signos. E assim você terá inventado a abstração, ficará maravilhada diante do feito de que as cifras entre si, separadas daquilo que elas contam, se descobrem portadoras de propriedades tão novas e imprevistas como o couro tingido ou o mineral fundido. Você passará a calcular algoritmos, sequências de cálculos cada vez mais distantes das preocupações do seu príncipe. E, muito rapidamente, por jogo, por entusiasmo, por estupefação diante dos poderes da abstração sobre tabuinhas de argila, começa-

---

[8] Inspiro-me muito livremente no capítulo de James Ritter, "Chacun sa vérité: les mathématiques en Égypte et en Mésopotamie", em Michel Serres (org.), *Eleménts d'histoire des sciences*, cit., pp. 39-61.

rá a elaborar razoamentos cada vez mais longos, a fazer demonstrações que em seguida submeterá a outros escribas, seus colegas, os únicos em condições de apreciar essas curiosas misturas de jogos de engenho, de ritos de iniciação, de aprendizagem e de descobertas fulgurantes sobre as relações que mantêm os números entre si, mas que nunca haviam se manifestado sem as técnicas inventadas nesse laboratório de papel ou, melhor dizendo, de papiro e argila.

Certamente você já percebeu para onde aponto. Se os materiais dos artesãos sofriam no ateliê transformações inusitadas, ainda mais reais são as mudanças que experimentarão nossas capacidades mentais, uma vez submetidas à prova da escrituração e ao fogo das tecnologias intelectuais. *À condição* de se manter arquivos, de se manter, tanto no escritório quanto na escola, a disciplina rigorosa dos escribas, você então poderá obter de seu cérebro — sempre no interior da esfera protetora de um recinto fechado — capacidades de cálculo e de abstração sem precedentes. Isso não quer dizer que você será mais inteligente do que era, mas sim que se encontrará em um gabinete, rodeada de colegas e de arquivos, manipulando materiais frágeis encobertos de inscrições, aprendendo os ritos de sua profissão e sempre submetida ao patrocínio de um príncipe ao qual, de todos os modos, terá que continuar servindo para conservar sua "autonomia".

Ninguém se esquece do artesão que nos permite ter vasilhas, cadeiras, mesas, computadores e eletricidade. No entanto, é cometido com frequência o erro de deduzir, demasiadamente depressa, as tecnologias intelectuais, que conseguem obter de nossas capacidades inatas outras competências e funções. Não caia, por favor, no erro de esquecer as provas e as técnicas que permitem a você *possuir* a abstração e o cálculo. Se ainda tem dúvidas, tente rememorar o tempo que foi necessário, quando era criança, para aprender a tabuada e, em sua adolescência, para adquirir os hábitos da demonstração das equações de segundo grau ou do cálculo infinitesimal. Você provavelmente gosta de matemática; sim, mas ela não nasceu de um repolho. Por sorte, temos aos montes psicólogos e especialistas em ciências cognitivas para nos ajudar, ainda hoje, a *distribuir* as competências entre nossos cérebros, nossos hábitos e nossas técnicas intelectuais. Regra de método: "Dai a César o que é de César e aos instrumentos o que é dos instrumentos". Com isso quero dizer: distribua entre o gabinete, os colegas e as técnicas de inscrição isso que se supõe seja produzido apenas dentro das cabeças.[9]

Como definir o laboratório atualmente? Acho que não simplificaria demais dizendo que é um "requintado cadáver",

---

[9] Sobre a história das tecnologias intelectuais, há inúmeros desenvolvimentos no livro de André Leroi-Gourhan, *Le geste et la parole*, cit., mas não existe nenhuma obra de síntese. Um bom livro é o de Mary Carruthers, *Le livre de la mémoire: la memoire dans la culture médiévale* (traduzido por Diane Meur), Paris, Macula, 2002. É possível encontrar indicações úteis em Claude Rosental e Bernard Lahire (orgs.), *La cognition au prisme des sciences sociales*, Paris, Éditions des Archives Contemporaines, 2008. O livro mais detalhado do ponto de vista dos métodos, ainda que de leitura técnica, continua sendo o de Edwin Hutchins, *Cognition in the Wild*, Cambridge, Massachusetts, MIT Press, 1995, mas é possível encontrar alguns trabalhos em francês do autor para ter uma ideia da noção de cognição "distribuída": "Comment le cockpit se souvient de ses vitesses", em *Sociologie du Travail*, n° 4, 1994, pp. 451-74. Uma revista científica, a *Revue d'Anthropologie des Connaissances*, dedica-se atualmente a essas questões. Sobre um enfoque mais histórico, é possível ler o bastante acessível livro de Delphine Gardey, *Écrire, calculer, classer: comment une révolution de papier a transformé les sociétés contemporaines (1800-1940)*, Paris, La Découverte, 2008.

o encontro improvável de um ateliê com uma técnica intelectual. Passa-se da experiência à experimentação, e do artesão ao alquimista, e em seguida ao químico, notando que a prova a que foram submetidas as matérias desemboca agora em um documento, uma inscrição. Nasceu o instrumento, esse pequeno milagre por meio do qual os seres do mundo se tornam não apenas capazes de metamorfoses, mas *capazes de falsear*,[10] *eles próprios, o que dizem a respeito deles*. E se trata decididamente de inscrição.

É provável que isso tenha ao menos duas origens.[11] Poderíamos dizer, para fixar as ideias: uma, do lado de Galileu, na Itália, que não tem necessidade de laboratório (quando faz uma experiência diante de seu mecenas, apenas deve tirar o mantel da mesa do banquete principesco...), e a outra, do lado de Robert Boyle, na Inglaterra. Galileu inventa dois dos ingredientes essenciais: o primeiro refere-se a não ser possível produzir provas sem *rarefazer* imensamente os fenômenos que estão sendo abordados (de todos os tipos de movimento, considera apenas um, a queda dos corpos pesados, e deixa de lado a fricção); a outra, também fundamental, consiste em fazer com que o objeto de experiência seja compatível com um formato vindo antes da geometria, e em seguida da álgebra. É o famoso tema do

---

[10] *S'inscrire en faux*, em francês. (N. da T.)

[11] Sobre a origem destas duas grandes tradições — em primeiro lugar, a galileia —, ver Mario Biagioli, *Galileo, Courtier: The Practice of Science in the Culture of Absolutism*, Chicago, Chicago University Press, 1993, que pode ser complementado com o admirável livro de Stillman Drake, *Galilée*, Actes Sud, Arles, 1980, 1986. A segunda tradição — a da experiência — é muito bem descrita na obra fundadora de Steven Shapin e Simon Schaffer, *Leviathan and the Air-Pump: Hobbes, Boyle, and the Experimental Life*, Princeton, Princeton University Press, 1985, além do já citado livro de Christian Licoppe.

"livro da natureza escrito em linguagem matemática". Boyle, por sua vez, aceita não apenas simplificar os fenômenos, mas também produzir outros novos *artificialmente*, graças a instrumentos custosos (por exemplo, a bomba de vácuo) financiados por instituições às quais se deve dotar e cujos resultados são visíveis aos olhos de uma comunidade de testemunhas confiáveis (que deverá ser criada a partir do zero). Tal comunidade será mantida por meio de um estilo particular — o relato de experiência —, que deverá se ocupar das interpretações muito vastas e dos usos rapidamente utilitários. Ambas as correntes apenas irão se fundir no século XIX, com a invenção de instrumentos com quadrante, telas ou interfaces legíveis, que farão testemunhar diretamente os fenômenos — isto é, muito indiretamente — por meio de símbolos matematizáveis como contadores, sensores, anotadores de todas as espécies e modelos. Todo paciente que hoje se submete a exames em um laboratório médico está habituado a essas mil maneiras de fazer com que seu corpo seja legível, visível, cifrável e calculável (e, além disso, sabe que a cada vez isso tudo custa uma pequena fortuna, o que vai lhe evitar todo o idealismo sobre as condições reais de um conhecimento exato...) (Figura 4.2).

Ainda é preciso que os fenômenos sejam chamados a comparecer no seio de uma assembleia interessada em seu testemunho (escolhi deliberadamente termos procedentes dos tribunais). Porque, na ampla genealogia do laboratório, é necessário introduzir uma terceira filiação: a da Academia, no sentido de uma comunidade habituada à controvérsia filosófica — ou seja, à argumentação —, que o patrocínio dos príncipes manteve protegida das exigências muito urgentes, muito rigorosas e muito arbitrárias de outras comunidades: comerciais, religiosas ou políticas. Existe toda uma bibliografia sobre a invenção e a persistência dessas comunidades "relativamente autônomas", expressão que resume — você já deve ter compreendido — uma forma de relação de dependência que obtém, graças a um intercâmbio de serviços, certa independência (sabemos, desde Arquimedes, que não era possível se tratar de "autonomia científica", no sentido extraterritorial que com frequência é dado a essa expressão). Se os *cientistas* (termo surgido no século XIX) foram chamados durante um longo tempo de "filósofos" ou "filósofos naturais", é porque eram herdeiros de uma tradição argumentativa com dois milênios de antiguidade que muito tempo antes havia sabido misturar os recursos da retórica com todas as exigências da demonstração.

Figura 4.2
À esquerda, Sophie Houdart (foto: Bruno Latour),
à direita, Jean Rossier (foto: Émilie Hermant).

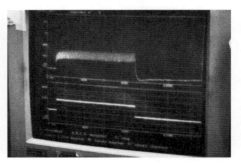

Já aqui você entenderá por que eu não podia empregar a distinção radical entre retórica e demonstração, criticada precedentemente. O que permite passar de uma eloquência débil a uma eloquência forte é a instituição do laboratório, sempre esquecida quando se fala de argumentação. Aliás, os profissionais de avental branco possuem um léxico imenso para distinguir com cuidado a boa e a má experiência, o bom do mau colega, e sabem reconhecer em uma proposição aquela que é "cálida", "fria", "fecunda", "simples e engenhosa", "maligna", "rentável" e até — acho esta expressão maravilhosa — "a que nem ao menos é falsa". Devemos nos voltar a este léxico corrente e banal para compreender os hábitos profissionais que as expressões "método" ou "espírito científico" não nos permitem qualificar com precisão. Foi muito atinado escrever "discursos do método" e fixar "regras de método". Existe ali todo um jargão profissional que se deve aprender a respeitar, mas do mesmo modo que alguém deve respeitar a linguagem própria dos juristas, dos especialistas em informática ou dos encanadores. Esses dialetos do método científico só fazem sentido para os homens de avental branco e unicamente enquanto permanecem em contato com o laboratório. Não é uma língua universal que se estenderia por todas as partes, a todos e a tudo, sem esforço e sem custo algum.

Quando se esquece do laboratório, corre-se o risco de defender simples banalidades em nome do método científico. Quando se insiste aos principiantes com o famoso "método hipotético-dedutivo", característico, segundo se afirma, da "racionalidade científica", está-se esquecendo que cada um de nós, para decidir se vai comprar no mercado cerejas ou morangos, se vai pegar o ônibus ou o metrô, se vai pagar com dinheiro ou com cartão, não deixa de aplicar exatamente as mesmas regras do método, apresentando primeiramente hipóteses, submetendo-as em seguida a provas que possam ser revisadas depois, comprovando sua falsidade ou confirmando sua veracidade... Neste sentido, não há nada menos "científico" que esse famoso "método". Se tal método parece dar frutos tão admiráveis, isso se deve aos *objetos*, completamente específicos, aos quais se aplicam essas regras tão comuns. Se as pessoas admiram uma especialista dos receptores de acetilcolina por seu método científico, e não a mim, quando compro morangos ou decido pegar o ônibus, é por causa da novidade da montagem que ela conseguiu que seus receptores aceitassem. Em todo o resto, ela arrazoa tão bem ou tão mal quanto eu; a diferença reside nas *coisas* das quais ela se ocupa e que conseguiu tornar articuláveis...

Uma vez que o laboratório seja relocalizado claramente na cena, podemos afirmar que os pesquisadores *dizem o que diriam as coisas das quais falam se elas pudessem falar*, e, de resto, *as fazem falar* ou, antes, *testemunhar* por meio dos instrumentos. Assim iniciam um novo ciclo de interpretação hesitante, no curso do qual as testemunhas convocadas para acompanhar a prova experimental (por testemunho direto ou escrito, mediante conferência ou experiência pública) devem decidir agora se os primeiros pesquisadores haviam sido cabalmente autorizados pelas coisas das quais falam ao falar em seu nome. Ainda que o termo "hermenêutica" sirva, com frequência, para descrever — sobretudo na Alemanha, seu país — as ciências chamadas "de interpretação", em oposição às ciências chamadas "da natureza", você compreenderá sem dificuldade que essa palavra, como a palavra "eloquência", aplica-se a *todas as disciplinas* capazes de fazer testemunhar aquilo a respeito do que falam e de abrir uma controvérsia no sentido definido anteriormente. Uma vez mais, *cogitamus*, e não *cogito*.

Retraçar toda a história dos laboratórios e de suas filiações ocuparia volumes. Ao ateliê, ao escritório e à academia seria preciso agregar — para ser completo — o gabinete do erudito, a escrivaninha e o arquivo do tribunal, a cura do exegeta e essa instituição de história apaixonante que em seu idioma se chama *Wunderkammer*[12] e que dará lugar às coleções e aos museus. Ainda mais porque essas formas chegaram a ser inumeráveis, visto que atualmente há laboratórios distribuídos por todas as partes: fala-se de laboratórios de controle, de diagnóstico, de metrologia; você os poderia encontrar tanto nos matadouros quanto onde se fabricam cubas, nas fábricas de aviões e no consultório do médico.[13]

Mas o detalhe importa pouco. O verdadeiramente importante aqui é recordar que se trata de lugares precisos, ocupados por pequenos grupos de pessoas argumentando que submetem os fenômenos em que se especializaram a provas particulares, mediante o emprego de instrumentos frequentemente complexos e custosos, que obtêm como resultados parciais fragmentos de inscrições que acabam confirmando, assegurando, invalidando, perturbando outras escrituras, acarretando consigo pouco a pouco uma convicção, por meio de um processo de interpretações contraditórias que não cessam de se complicar e se estender e que, às vezes, cristalizam-se em um resultado assegurado e passam então aos manuais, em que servem de premissas para outros razoamentos segundo as regras hesitantes de uma hermenêutica refinada, cuja literatura científica (para vol-

---

[12] "Gabinete de curiosidades", em alemão. (N. da T.)

[13] Sobre esta história complexa será preciso ler simultaneamente os dois grandes clássicos de Michel Foucault, *Naissance de la clinique: une archéologie du regard médical*, Paris, PUF, 1963 [ed. bras.: *O nascimento da clínica*, Rio de Janeiro, Forense Universitária, 1977], e *Surveiller et punir*, Paris, Gallimard, 1975 [ed. bras.: *Vigiar e punir*, Petrópolis, Vozes, 1977]. Mas convém completar essa leitura com a bastante erudita e intrigante obra de Horst Bredekamp, *La nostalgie de l'antique: statues, machines et cabinets de curiosités* (traduzida por Nicole Casanova), Paris, Diderot Éditeur, 1996.

tar ao curso anterior) oferece um seguimento bastante bom, sobretudo a partir da numeração das bases de dados. Você compreenderá — tenho certeza — que essa bacharelada voluntariamente arrevesada não tem outro objetivo que não seja impedir que se escondam assim as humildes redes de laboratórios com o imenso manto da revolução científica (você perceberá que não me esqueci de sua pergunta inicial). Para respondê-la, tento manter, o quanto possível, em estado o mais fragmentado, reversível e *descontínuo* aquilo que a grande narrativa revolucionária vai tentar *unificar*, sem encontrar resistência, para o tornar irreversível.

Por que esta insistência e obsessão — talvez você diga: provocação — por não querer falar prontamente de "continuidade"? Por conta de um fenômeno essencial que eu chamo de *mudança de escala* e que a interpretação revolucionária frequentemente esquece. Sabemos desde Arquimedes que o laboratório — se você aceitar que remontemos até Arquimedes esse termo anacrônico — é capaz de se insinuar em todos os cursos de ação para modificar sua composição; também entendemos — o exemplo era impressionante o bastante, ainda que se trate de um mito — que a introdução das leis de proporção calculadas pela geometria havia permitido modificar a dimensão, ou, melhor dizendo, o dimensionamento, das máquinas de guerra que defendiam Siracusa. Também discernimos como, uma vez que a geometria operou esse desvio, a arte militar foi desde então recomposta, visto que passou a compreender — ao menos na poliorcética — o talento e o cálculo dos engenheiros. Por fim, por menos que respeitemos o conjunto dos desvios e das composições que eu reagrupei sob o vocábulo "tradução", sabemos como desbaratar a armadilha que faria da matemática a causa única das proezas de Arquimedes, conferindo-lhe ao mesmo tempo seu papel decisivo.

Retorno sempre ao "grande engenheiro" por causa de seu ponto fixo, desse *fulcrum* que permite deslocar tudo, inclusive a própria Terra. É que, com efeito, a metáfora da alavanca, dessa relação entre o pequeno e o grande, estabelecida por meio do cálculo, define às mil maravilhas a eficácia própria do laboratório e o vínculo que este mantém com aquilo que vai modificar tão profundamente. Dito de outro modo, a metáfora da alavanca permite compreender o efeito do laboratório de outra perspectiva, diferente da noção de "aplicação" da ciência ao mundo real. Conforme você verá a seguir, não se trata bem de aplicação, mas de *implicação*, e mesmo de complicação...

Para a melhor compreensão dos alunos, recorro ao caso exemplar do relojoeiro John Harrison (1693-1778), sobre quem Dava Sobel escreveu um livro para o grande público e a respeito do qual existe também um excelente filme.[14] O que um relojoeiro perdido na campina inglesa podia fazer pela Marinha Real Britânica? Aparentemente, não muita coisa; nada permitiria vincular, associar ou *traduzir* um para a outra. Ex-

---

[14] Uma história bastante acessível sobre o cronômetro marinho é a apresentada por Dava Sobel, *Longitude: l'histoire vraie du génie solitaire qui résolut le plus grand problème scientifique de son temps* (traduzido por Gerald Messadié), Paris, J. C. Lattès, 1996 [ed. bras.: *Longitude: a verdadeira história de um gênio solitário que resolveu o maior problema científico do século XVIII*, São Paulo, Companhia das Letras, 2008]; um complemento útil é Dava Sobel e William J. H. Andrews, *The Illustrated Longitude*, Nova York, Walker & Company, 1998, assim como o filme *Longitude*, de Charles Sturridge, disponível em DVD. Sobre a história do tempo, é possível ler o clássico artigo de Éviatar Zerubavel, "La standardization du temps: une perspective sociohistorique", em *Politix*, nº 10-11, 1990, pp. 21-32.

ceto mediante um problema que se tornou público: em 1714, o Parlamento inglês ofereceu um prêmio de 20 mil libras "por um modelo capaz de determinar a longitude, com uma precisão de meio grau, de um grande círculo" (ou seja, 55 quilômetros). Não irei ofendê-la lembrando-a que ainda que, se a latitude em alto-mar seja quase sempre fácil de calcular graças à elevação relativa das estrelas e do Sol sobre o horizonte, não ocorre o mesmo quando se trata de calcular a longitude, pois supõe poder determinar a diferença de horário entre o Sol ao meio-dia e a hora que é registrada no mesmo momento no porto de partida (por exemplo, Londres). Temos aqui um bom exemplo de uma cadeia de traduções: os marinheiros conhecem o problema desde a Antiguidade, mas que apenas se tornou um problema sério a partir dos grandes descobrimentos e da navegação em alto-mar. Para que a questão *interessasse* ao Almirantado, ao Parlamento e a toda a Inglaterra, era preciso que já houvesse centenas de barcos navegando e correndo grande perigo de se chocar contra os arrecifes, um império comercial, sociedades de acionistas, almirantes e também relógios (cujos componentes saem dos laboratórios de Huygens, dos descobrimentos de Galileu etc.). E, além disso, era necessário que, previamente, o problema houvesse sido formulado sob a forma de um prêmio, como "chamada para apresentação de projetos", diríamos atualmente, que combina em um só *problema* toda uma amálgama prévia de direito, política e finanças. Não há composição possível sem um mundo já composto, laminado, complicado, implicado e resumido por problemas tornados explícitos pelas instituições.

O interessante do caso de John Harrison é que foi necessário que transcorressem cerca de trinta anos para que fossem incorporados à navegação dos barcos de Sua Majestade cronômetros marinhos suficientemente sólidos e precisos para resistir ao espantoso tumulto de um navio de guerra do século XVIII. Seu primeiro protótipo conserva de modo admirável o tempo (mas em terra, em sua casa, na sólida campina inglesa, ou seja, onde não serve para nada). Pesa mais de cem quilos e, submetido ao meneio dos solavancos, dos balanços e das sacolejadas (sem esquecer os canhonaços), corre o risco de quebrar. O pior, o que arruína a saúde desse pobre inventor, é que John nunca saberá, antes de voltar para a terra, se sua máquina conservou com fidelidade o tempo ou não, o mínimo que permita estabelecer comparações com outro relógio, igualmente volumoso e frágil. Quanta angústia, quantos desaires. (Aproveito para enviar a você o livro de Dava Sobel.) Harrison não pode apelar ao recurso de Plutarco e dizer que a ciência é sublime e sobrenatural e que suas aplicações são desprezíveis. Tampouco pode se contentar com ter razão, afirmar que seu relógio é a solução ideal e lavar as mãos quando se trata de submetê-lo à prova até o fim. No início do século XVIII, todo mundo podia prever isso (ainda que nessa época houvesse outras soluções ainda mais difíceis, como seguir as luas de Júpiter com o telescópio). Não, é preciso que a maldita caixa montada sobre uma articulação mecânica não sofra nenhum golpe, e isso durante meses e meses. Não haverá "aplicação" do relógio ideal até o dia em que Harrison consiga estabilizar, miniaturizar e firmar seus cronômetros para torná-los compatíveis com a agitação de um navio de guerra. Esta é a razão pela qual o infeliz deve acompanhar ele próprio seus protótipos sucessivos durante viagens intoleráveis (ele sofre de enjoos!), a fim de conseguir fazer com que seus cronômetros sejam comensuráveis com as necessidades, as exigências e os costumes do Almirantado. Espero que você possa apreciar quanto suor há nessa palavrinha demasiado limpa, a "tradução". Desde o instante em que se fala de aplicação de uma ciência, todo esse trabalho desaparece como por encantamento: há apenas ideias que se deslocam sem esforço, e as ideias não transpiram.

Que lição podemos tirar deste exemplo? É muito simples: que o laboratório apenas será "aplicável ao mundo real" quando tiver cumprido a condição prévia de realizar com êxito toda uma série de operações de alinhavo. Será necessário, primeiro, que consiga *coletar* no mundo real, em uma escala de um para um, alguns aspectos dos fenômenos sobre os quais se deseja adquirir o domínio e que em seguida teremos que aprender a deslocar — sempre a translação, a tradução. Depois, será indispensável que os cientistas se tornem capazes — desta vez protegidos em recintos fechados — de explorar novas soluções submetendo a uma série de provas artificiais os seres que terão sabido domesticar. Mas em seguida será preciso conseguir de novo deslocar, desta vez no outro sentido, os resultados obtidos nos espaços protegidos do laboratório para o mundo real, em uma escala de um para um, e com a condição de ter feito experimentar — ou ao mundo real, ou aos resultados prototípicos — suficientes transformações para os tornar compatíveis entre si. O que supõe toda uma série de testes, de provas mais ou menos públicas, cada uma das quais podendo falhar e pôr fim à experiência. Então, e apenas então, se dirá que um resultado científico teve "efeitos práticos". Então, e apenas então, irá nos parecer espantoso que, por exemplo, um "simples relojoeiro inglês" tenha podido assegurar o curso dos barcos "de todo o Império Britânico". Então, e apenas então, deixará inclusive de nos surpreender o feito de que um barco do século XIX possuísse vários cronômetros marinhos de algumas centenas de gramas que permitiam que o capitão fixasse sua posição e se orientasse em um mapa: desde então não existe navegação que não *passe pela* indústria relojoeira de ponta. Teremos esquecido que com o equipamento normal de um navio e seu treinamento normal, o marinheiro, todo meio-dia solar, sobre a ponte, lia a hora nas agulhas de seus cronômetros, depois de tê-los comparado entre si para calcular o erro médio. Tudo isso terá se tornado finalmente evidente. A composição terá ficado esquecida. Nem sequer teremos consciência de que para fixar a posição é necessário um cronômetro.

Estou certo de que você encontrará mil exemplos deste movimento de alavanca pelo qual os pesquisadores podem se introduzir em práticas existentes de grande porte, deslocar certos elementos, retratá-los e em seguida reinseri-los na situação de partida, que agora se encontrará modificada de maneira duradoura, até que todo esse alinhavo seja naturalizado e esquecido.[15] Nossos diários de bordo estão cheios de exemplos assim. Poderia atrever-me a dizer que, para entender a fecundidade das ciências, seria necessário um tratado que recapitulasse todas as posições possíveis (em resumo, um *Kama Sutra* da *libido sciendi...*). Cada vez que disserem a você que o pequeno sustenta o grande, que o local sustenta o global, que uma minúscula mudança em um cálculo, em uma teoria, permite modificar imensas forças e obter enormes efeitos, não se esqueça

---

[15] Sobre as variações de escala e a crítica da noção de *aplicação*, deve-se ler o artigo — agora clássico — de Michel Callon, "Éléments pour une sociologie de la traduction: la domestication des coquilles Saint-Jacques et des marins pêcheurs en baie de Saint-Brieuc", em *L'Année Sociologique*, nº 36, 1986, pp. 169-208. Sobre um exemplo famoso, leia, de Bruno Latour, *Pasteur: guerre et paix des microbes*, Paris, La Découverte, 2001.

de retraçar esse movimento, de uma incrível astúcia, que explica por desvios e composições as constantes transformações introduzidas pelos laboratórios no curso usual de nossas práticas. Apenas a *metis* curva permite à *episteme* ir direto.

Você me dirá que minha história de laboratório não tem nada a ver, em rigor, com a da revolução científica de Koyré. Realmente, não tem nada a ver! E aí se apoia precisamente meu argumento... Para compreender até que ponto é diferente, é preciso retornar a nosso querido Descartes. Quando escreve o *Tratado do mundo*, ou o *Discurso do método*, que cartas tinha em suas mãos o bom René para jogar sua partida de pôquer? Muito poucas. Alguns resultados de óptica, um pouco de álgebra, a certeza crescente de que o modelo de Copérnico era mais que um modelo, a lei da queda dos corpos pesados de Galileu, um pouco de acústica, toda a riqueza de conhecimento e prática dos alquimistas, algumas receitas de medicina cozidas e recozidas durante vinte séculos. Resultados parciais, sem grandes consequências práticas, desarticulados entre si. A que conclusão vai chegar? A uma conclusão de dimensão cósmica, com efeito: o cosmos se tornou o universo.

Que fantástica sacada! Ou, para ser mais polido: que magnífica maneira de inverter a relação de forças, de minimizar a máxima perda possível! Perto disso, o golpe de Arquimedes e sua alavanca é uma brincadeira de criança. Nesse que continua sendo o mais surpreendente "romance da matéria" jamais escrito, Descartes, na solidão de seu gabinete aquecido (o que quer dizer, como você bem sabe, vinculado a toda comunidade experimental europeia de sua época), imaginará — é isso mesmo: imaginar — a *res extensa* tal como consegue pensar — sim, pensar — a *res cogitans*. Observe você que digo que se trata da *ideia* da *res extensa*, visto que, apesar da palavrinha *res*, não é uma coisa, um domínio da realidade, mas sim decididamente uma ideia, inclusive uma ideia produzida por esta "rainha do lar" que é a imaginação. Sei que este assunto da *res extensa* pode parecer um tanto estranho a você.[16] É que, com efeito, trata-se de uma operação extraordinária que envolve, durante três séculos, toda a ciência e toda a filosofia, e que poderíamos chamar de *idealismo do materialismo*. Uma nova concepção da matéria sonhada pelas ideias, enquanto essas próprias ideias se encontram livres de todo o enraizamento material apenas graças aos bons ofícios da imaginação...

Talvez você se lembre do famoso episódio em que Descartes submete um pedaço de cera à chama de uma vela: a cera perde sua cor, seu cheiro, sua resistência, e conserva apenas, no fim das contas, sua extensão e seu movimento. Certamente, você terá se perguntado, não sem certa estupefação, se teria que dizer o mesmo de seu gato ou de seu próprio corpo. E, sim, para o Descartes pensante não cabiam dúvidas nesse sentido. Aos olhos da *res cogitans*, não há nada no mundo que não sejam as coisas estendidas sem outra propriedade que aquela que pode capturar a geometria, e eu acrescentaria: o que se pode desenhar por projeção em uma folha de papel branco. É inverossímil? Sim, para todo materialista prático, para toda visão realis-

---

[16] A história material do espaço não desfrutou do mesmo interesse que a história da metrologia do tempo. Provavelmente, a maneira mais fácil de se orientar seja indagando na história da arte, por meio da leitura de dois grandes clássicos: Erwin Panofsky, *La perspective comme forme symbolique et autres essais*, Paris, Minuit, 1975, e Svetlana Alpers, *L'art de dépeindre: la peinture hollandaise au XVIIe siècle*, Paris, Gallimard, 1990 [ed. bras.: *A arte de descrever: a arte holandesa no século XVII*, São Paulo, Edusp, 1999].

ta do que é um objeto imerso no mundo, para todo corpo vivo, para toda a comunidade de pensamento.

Mas a operação de Descartes não visa à verossimilhança. Permite algo ainda mais sensacional: vai assegurar, sem pagar custo algum, a *continuidade* de um novo mundo e a extensão imediata a todo o universo dos resultados parciais saídos dos laboratórios. Entre todos os objetos díspares que os laboratórios dispersos vão levar pouco a pouco ao conhecimento multiforme de disciplinas heterogêneas desenvolvidas por pesquisadores tão variados quanto o traje do Arlequim, a *res extensa* permitirá agregar a continuidade, que dará a todos os estudiosos o ardor suficiente para estender-se antecipadamente com o pensamento *por todas as partes*. É como se lhes dissesse: "Por menores, parciais ou incompletos que sejam os resultados saídos de vossos trabalhos e vossas tentativas, podeis ir por todas as partes, compreender tudo, deduzir tudo e possuir tudo". Como os filósofos naturais podiam resistir? O golpe é genial; a aposta, colossal; os ganhos, astronômicos; a artimanha está garantida: ao preço de uma inverossimilhança total (visto que nunca nada se manteve verdadeiramente apenas na extensão geométrica), seria possível fazer com que os resultados locais fossem válidos em todas as partes. Cada vez que você ler a expressão *res extensa*, que se supõe estar designando um cantão do universo por oposição a outro, que seria o do pensamento, saiba que terá que se pôr a retraçar a *extensão* fulminante de um programa ideal de conquista.

Se você me acompanhou até aqui (isso não conto a meus alunos: é demasiado forte e suponho que eles fariam um motim...), compreenderá que o universo — tal o de Koyré — não é uma realidade ontológica, mas uma concepção metafísica, composta ela mesma de um cosmos (não vejo de que outra coisa se poderia compô-lo) ao qual são agregados, como o fundo de uma tela, a aposta, o romance, a hipótese, o ideal de objetos dos quais apenas se conserva a dimensão e que apenas se deslocam pelas causas que os precedem. É a matéria pensada pelas ideias. Mas, é claro, o relato que Koyré dá é completamente diferente: nesse relato, por trás de cada descobrimento parcial — de Galileu, de Boyle, de Descartes, em seguida de Newton, de Laplace, mais tarde de Einstein —, se revela cada vez melhor um universo material, real e infinito cujas leis são semelhantes em todas as partes.

É como se os dois relatos invertessem a relação entre o primeiro e o segundo plano. No relato *Cogitamus*, o que aparece em primeiro plano são os laboratórios, com todos os seus desvios e composições, seus cosmogramas variados; enquanto o que se apresenta como uma continuidade artificial, idealista, quase supérflua (exceto por insuflar paixão no trabalho dos filósofos naturais, resolvendo ao mesmo tempo o problema da indução, visto que cada resultado parcial remete de imediato a uma lei universal) é a *res extensa*. Por outro lado, no relato *Cogito*, o que aparece em primeiro plano é a matéria de um universo infinito com suas amplas concatenações de causas e efeitos expressos diretamente em sinais matemáticos, e são os laboratórios que aparecem em segundo plano, como um conjunto de *detalhes* cuja única importância consiste em servir de *ocasiões* à simples manifestação das leis universais da natureza (leis que os progressos da ciência revelam em uma quantidade constantemente crescente de casos, começando pela dinâmica, pela astronomia, para terminar, no século XX, com a biologia molecular, as neurociências, a economia...). Em um caso, a *res extensa* não se estende a nenhuma parte que não seja a imaginação. No outro, está em todas as partes, já universalmente estendida. Eu já havia advertido a você: não podemos nem devemos nos colocar demasiadamente rápido de acordo com o que são as ciências e sua história.

Sobretudo, fui dizendo um pouco depressa que semelhante invento — o de Descartes — não custou nada. O custo, pelo contrário, foi imenso e, no sentido próprio do termo, astronômico. O que acabou desaparecendo durante três séculos é o que há de *res*, de realismo, de material nas coisas, nas causas e nos assuntos que nos concernem. Tudo se passa como se o mundo tivesse se bifurcado em dois tipos de realidade absolutamente incompatíveis.

Como eu disse a você há pouco, o infeliz Galileu se encontrava como um esquizofrênico em um mundo cindido: pois bem, nesse mundo dividido em dois temos o responsável pela grande narrativa da emancipação. O que aconteceria, com efeito, se déssemos à *res extensa* não o sentido utilitário de uma ideia, de uma imaginação que permite garantir o avanço de uma continuidade suplementar para vincular todas as ocasiões de pensamento e de objetos bruscamente saídos dos laboratórios, mas o sentido de uma *realidade física*? Veremo-nos diante de *dois conjuntos* de realidade: um que em filosofia se chama *qualidades primeiras* — é o pedaço de cera apenas em sua extensão e seu movimento — e outro que é o das *qualidades segundas* — o cheiro, o sabor, o tato, a consistência do pedaço de cera. Uma vez feita esta divisão, ninguém a partir de Descartes poderia voltar a unir as metades. As qualidades primárias são as únicas reais, mas pensadas — preste atenção — por ninguém em particular, exceto pelo próprio *cogito* despojado de toda ancoragem e sem nenhum valor humano (ético, afetivo, político). Quanto às qualidades secundárias, estão cheias de vida, de valor, de paixões, mas têm o ligeiro "defeito" de absolutamente não existir... a não ser subjetivamente. Aqui aparece sobre a mesa de jogo uma conta que teremos que pagar, que certamente é bastante "salgada": há sujeitos sem realidade e objetividades sem sujeito.[17]

Você dirá que se trata de uma visão metafísica, talvez errônea, mas sem consequência prática. Pois bem, o infinitamente grave é que, por causa dela, já não será possível *nos entendermos sobre o mundo*, visto que, a partir de então, nada mais ligará os sujeitos aos objetos. Para estabelecer uma ponte, Descartes, evidentemente, passava por Deus. Mas não é garantido que Deus resista por muito tempo... O mundo, o acordo sobre o mundo, desapareceram para sempre. Arrepios de horror e de prazer: o desencantamento não deixa de crescer, e cada cientista se sente um herói deliciosamente crucificado por esta revelação trágica. Sadomasoquismo que, de Descartes à neurobiologia contemporânea, sempre faz as delícias dos departamentos de filosofia. Se, como assinalava Pascal, "o silêncio dos espaços infinitos aterroriza", ele apenas aterroriza àqueles que fizeram calar tais espaços — ou seja, os homens de ciências —, que, por mais surpreendente que pareça, são os que fizeram falar tão bem esses mesmos espaços infinitos...

Como eu gostaria de poder evitar estas cenas doentias! Por sorte, você nasceu depois que o universo deixou de obrigar os cientistas a acreditarem ter sido expulsos de todo o cosmos, co-

---

[17] A expressão "bifurcação da natureza" pertence a um filósofo genial, mas de difícil acesso, Alfred North Whitehead, *Le concept de nature*, Paris, Vrin, [1920] 1998 (tradução de Jean Douchement) [ed. bras.: *O conceito de natureza*, São Paulo, Martins Fontes, 1994]. Sua comentadora mais brilhante tampouco é fácil, mas os espíritos ambiciosos poderiam tentar a leitura de Isabelle Stengers, *Penser avec Whitehead: une libre et sauvage création de concepts*, Paris, Gallimard, 2002.

mo Adão e Eva foram expulsos do Paraíso terreno. Atualmente podemos voltar à razão, às coisas, às matérias, ao realismo. E, por conseguinte, amar as ciências com um amor enfim verdadeiro e perdurável. Creio firmemente que este é o único amor que merece a geração de vocês. Mas deixaremos isto para uma outra carta.

Despeço-me, estimada senhorita, com um cordial cumprimento.

Quinta carta

Ah, senhorita, quanta razão você tem em assistir aos cursos *on-line*! É menos agradável para mim, mas sem dúvida muito mais cômodo para você. Bom, decididamente tenho que me acostumar com a ideia de que o semestre está terminando e nunca a terei visto nas aulas... De toda forma — sugiro a você —, continue mantendo seu diário de bordo, pois sem esse exercício tudo o que tento resumir a você demasiado depressa irá se tornar absolutamente abstrato e você jamais encontrará resposta para suas perguntas. Em particular a que você me fez no início, como boa pragmatista que é: "O que fazer?". Sim, sem dúvida, esta é a grande pergunta. Como podemos chegar a um acordo se a concordância em relação ao mundo falha? Como sair das controvérsias indefinidas se misturamos tudo? Como compor, pouco a pouco, o que, até então, nos foi dado de uma vez, em bloco, todo cozido?

Tenho plena consciência de que se os pesquisadores, os cientistas, os modernizadores ou — como são chamados atualmente — os "homens de progresso" se sentem hoje tão desafortunados, isso se deve ao fato de verem claramente o que perderam, mas ainda não percebem como poderiam recuperar, em meio a esse caos, o sentimento de segurança, de certeza, de clausura que lhes dava a antiga distinção entre o racional e o irracional, entre o científico e o político. Eles adorariam poder voltar a uma *demarcação* (é o termo clássico em filosofia das ciências) estrita entre aquilo que possui a autoridade dos fatos indiscutíveis e aquilo que não passa de opinião, rumor, agitação, ideologia, jogos de poder e simples palavreado. Compreendo a inquietação que os acomete. Ao ler os diários de bordo — o seu, o meu, os de outros alunos —, é possível às vezes ficar com os cabelos em pé. Enquanto durante três séculos se esperava encontrar na Ciência o meio mais seguro para diminuir a violência (religiosa, política, revolucionária), dando ao exercício da vida pública um fundamento sólido, atualmente nos vemos mais uma vez obrigados a misturar as ciências e as políticas. Como não sentir um espantoso sentimento de perda ao ver que as técnicas e as ciências voltam a afundar nesses caldeirões de bruxas? Seria um péssimo professor de humanidades quem não advertisse sobre a existência desse aterrador buraco.

   Nós dois recortamos o mesmo artigo — verdadeiramente impressionante — sobre o cálculo da pegada ecológica, constante do *Le Monde* de 25 de novembro de 2009: "O conceito de rastro [ou pegada] ecológico foi inventado no início da década de 1990. Sua unidade é o 'hectare global' [...] O rastro ecológico de um país corresponde à quantidade de hectares globais necessários para proporcionar a provisão de alimentos e fibras têxteis consumidos por sua população, para construir suas cidades e suas infraestruturas e para absorver seus resíduos". Com semelhante cálculo, o planeta Terra se converte em uma unidade de medida, e é possível então chegar à conclusão de que, por exemplo, para os franceses, seriam necessárias 2,7 Terras para continuar vivendo como fazem atualmente. Os Estados Unidos, por sua vez, precisariam de cinco!

Você perceberá que ainda que dispuséssemos do planeta Pandora, do filme *Avatar*, tampouco seria suficiente... Aliás, suponho que não a assombraria se eu dissesse que este instrumento de medida é energicamente criticado por outros pesquisadores, o que faz com que se converta em objeto de controvérsia.

Assim como você, eu também fiquei sem palavras diante deste episódio da destruição das linhagens de videiras transgênicas por parte de um tal sr. Azelvandre (*Le Monde* de 10 de outubro de 2009). Existe inclusive uma associação, a Confederação Campesina, que alçou sua voz "para elogiar sua determinação". O que vamos fazer, se já não se permite experimentar de nenhuma maneira as novas formas de agricultura? A diretora do Instituto Nacional de Pesquisa Agronômica não tem razão ao falar de injustiça quando diz "Sem dados não podemos debater nem fazer com que viva a democracia técnica"?

O caso é ainda mais incompreensível porque, nesta ocasião, o Instituto Nacional de Pesquisa Agronômica havia feito tudo o que estava a seu alcance para implicar no assunto os militantes anti-OGM [Organismos Geneticamente Modificados]. Inclusive, havia validado seu procedimento de debate contraditório por sociólogos especializados em debate público e democracia técnica. A expressão "democracia técnica" ou "democracia científica" é bem interessante porque reúne na mesma frase o que o senso comum ou o bom-senso quer continuar mantendo separado.

Deve-se boicotar o debate público sobre as nanotecnologias? De Sophie Verney-Caillat, *Rue89* de 15 de outubro de 2009: "O debate público é uma válvula de escape para as pessoas. Mas o plano Nano-INNOV, lançado pelo governo em maio passado e que prevê um investimento público de setenta milhões de euros, não voltaria a ser questionado se o debate público expressasse uma oposição ao nanomundo. Tudo está decidido de antemão e se diz ao povo que o assunto está aberto a discussão". Esses oponentes consideram que o Estado quer evitar a qualquer custo a "síndrome OGM", ou seja, "o repúdio por parte da opinião pública de uma revolução tecnológica que revoluciona nossas vidas de uma maneira que não nos convém" [...]. Isso é parte constituinte de todos os instrumentos que os sociólogos da inovação chamam de 'aceitabilidade': como fazer para que uma inovação passe a ser aceitável? É o mundo virado ao avesso: a tecnologia não vem para responder às necessidades identificadas, mas, ao contrário, dispomos de uma tecnologia e nos perguntamos sobre como rentabilizá-la".

Também assistimos aqui à organização de um debate público sobre uma controversa questão de inovação, a das nanotecnologias, mas parece que o próprio procedimento também está sendo contestado. Como fazer para que tudo não "seja decidido de antemão"? Seria necessário poder assegurar aos participantes que eles têm o direito de retornar à própria fonte da inovação a fim de influir nela. Mas isso implicaria que os participantes do debate pudessem penetrar nos detalhes da inovação e que o progresso já não seja mais concebido como uma marcha inevitável para a qual apenas é possível se preparar tornando "aceitáveis" as inovações.

Como você e como eu, os alunos se deleitam com o *climategate*, mas a melhor entrada, em minha opinião, é a de *Le Figaro Magazine* de 29 de novembro de 2009, em que vemos como um ex-ministro de Pesquisa, Claude Allègre, ataca com incrível violência os seus colegas climatologistas, que, de acordo com ele, não teriam respeitado o método científico ao afirmar a origem antrópica do aquecimento climático. "Fazer acreditar, baseado em vaticínios que calculam o que ocorrerá dentro de um século, que bastaria reduzir as emissões de gás carbônico não é apenas escandaloso, mas também criminoso. Estas pessoas não são sérias no plano científico. Conseguiram obter muito dinheiro para realizar pesquisas que não servem para nada além de desenvolver seus modelos por computador, sem consideração alguma pela observação."

Reconheçamos que este último exemplo é de verdade a gota d'água que faz transbordar o copo (ou a emissão demais de CO_2 que faz derreter a placa de gelo...). Como vamos manter a Demarcação (escrevo em maiúscula para distingui-la das que apresentarei em seguida) entre racional e irracional, se um ex-ministro de Pesquisa, ele próprio pesquisador, multiplica as acusações contra outros cientistas tão prestigiados ou experientes quanto ele? Nesse gênero de disputas, vemos com clareza que a Demarcação funcionava *enquanto* todos os cientistas estavam de um lado da barreira, e os políticos, o público, o povo, os ignorantes, do outro. Então, sim, nesse caso, teríamos podido distinguir: de um lado, os fatos indiscutíveis (que foram discutidos antes, mas entre os eruditos, detrás das paredes e dos laboratórios e nas academias, e não temos que saber como) e, de outro, as opiniões múltiplas. Os cientistas podiam então se dar ao luxo de exibir a maior modéstia afirmando que ocupavam apenas um lado da Demarcação — o lado dos fatos —, mas que, evidentemente, caberia aos políticos e à "sociedade" decidir o que devia ser feito do outro lado do muro. Você reconhecerá nessa modéstia a célebre distinção entre os Fatos e os Valores.

Mas tudo isso funcionava desde que não houvesse demasiados dissidentes entre os homens de ciência ou enquanto aqueles dissidentes não tivessem autoridade suficiente para elevar a voz e se fazer entender pelas pessoas. E, do lado do público, enquanto não houvesse milhares de militantes, pessoas interessadas, amadores, aficionados, especialistas autodidatas que interviessem nos debates dos pesquisadores por meio de *blogs* ou manifestações. E enquanto não surgissem instituições híbridas — um pouco jurídicas, um pouco administrativas, um pouco políticas — que se encarregassem das discussões. E enquanto os assuntos não despertassem o interesse de muita gente e pudessem permanecer no estreito cenáculo de especialistas que representassem interesses restritos. Mas, se atualmente os cientistas já não demonstram um *front* unido, se o público participa dos debates, se as instituições internacionais também intervêm — incluindo os chefes de Estado —, e se, enfim, os assuntos de que se trata interessam a todo mundo, e, inclusive, como no caso da disputa sobre o clima, concernem realmente a *todo O mundo*, como podemos querer manter a Demarcação? Nos assuntos verdadeiramente importantes, a confusão está garantida.[1]

É possível, a plenos pulmões, sempre tratar os primeiros como "verdadeiros eruditos" e os demais como "obscurantistas", "céticos corrompidos" ou, inclusive, "negacionistas", mas também sentir que, ainda que essas acusações aliviem a quem as proferem, elas são apenas *injúrias* e não dão conta de *descrever* com precisão o que na realidade ocorre com os fatos em vias de certificação. Os rótulos "racional", "irracional", "relativista", "científico", "ideólogo" são distribuídos à vontade, bem o sa-

---

[1] A proliferação das controvérsias — em particular sobre as questões do meio ambiente — tem sido objeto de uma vasta bibliografia mais ou menos especializada. A obra mais sintética e acessível é sem dúvida a de Michel Callon, Pierre Lascoumes e Yannick Barthe, *Agir dans un monde incertain: essai sur la démocratie technique*, Paris, Seuil, 2001. Mais especializado e ao mesmo tempo um texto fundador é o livro de Francis Chateauraynaud e Didier Torny, *Les sombres précurseurs: une sociologie pragmatique de l'alerte et du risque*, Paris, Éditions de l'École des Hautes Études en Sciences Sociales, 1999. A dificuldade de conduzir o debate público também é analisada na obra coletiva *Le débat public en apprentissage: aménagement et environnement*, Paris, L'Harmattan, 2006. Para uma apresentação geral, mas de difícil acesso, veja, de Bruno Latour, *Politiques de la nature: comment faire entrer les sciences en démocratie*, Paris, La Découverte, 1999 [ed. bras.: *Políticas da natureza: como fazer ciência na democracia*, Bauru, Edusc, 2004]. Para uma versão inteiramente diferente da questão é possível consultar, de Dominique Raynaud, *Sociologie des controverses scientifiques*, Paris, PUF, 2003.

bemos. Não há mais diferença visível entre o *debate* — que tanto em ciência quanto em política se exalta como "necessário e saudável" — e a *controvérsia* — acusada de mentirosa, supérflua, manipuladora e nociva. Poderia ser possível acreditar que estamos na época da Reforma. Hoje, como ontem, o povo assiste estupefato às disputas entre autoridades nas quais estava acostumado a confiar, mas que se desgarram e se injuriam em nome das *mesmas regras* de interpretação. Antes, tratava-se de religião e de aprender como ir para o Céu; agora, trata-se das ciências e de compreender como são os céus. Contudo, a angústia é a mesma. As guerras das ciências não terão a violência das guerras da religião — ao menos assim espero —, mas é necessário que inventemos rapidamente outras maneiras de resolver as controvérsias. É necessário inventar uma "paz das ciências" da mesma forma que houve uma "paz da religião" —, e, na medida do possível, sem abandonar a vocação científica. Em outras palavras, poderemos *secularizar* a Ciência sem perder o conhecimento objetivo? Este é, no fundo, o sentido das humanidades científicas.

Evidentemente, a tentação de voltar atrás é grande. Hoje, os progressistas correm o risco de se tornar algo reacionários. "Se enfim, suspiram, pudéssemos separar as ciências da política, restabelecer a distinção entre debate e controvérsia, entre fatos indiscutíveis e valores disputados de forma indefinida..." Dito de outro modo: "Se pudéssemos apenas escapar das humanidades científicas!". É dispensável dizer a você que eu não proponho isto. Espero que você não pense que eu seria capaz de permitir que meus alunos perdessem suas antigas certezas se não estivesse convencido de que isso lhes pode oferecer um caminho infinitamente mais balizado que o da antiga Demarcação. Não fomento de maneira alguma o cinismo dos alunos.

Os caminhos da razão são os que sempre tentei traçar, localizar e pavimentar. Se é necessário aprender a não "submergir no relativismo" — como se costuma dizer —, mas sim a flutuar nele sem se afogar, que seja ao menos em um barco que conte "com todo o conforto moderno"... Quero que se sintam seguros neste novo mundo que será o de vocês, que aprendam a se sentir *confortáveis* ao navegar pelas controvérsias. E tal sob a condição de prolongar nossas investigações, procurando os meios, as referências, os instrumentos para definir o espaço em que se desenvolvem essas controvérsias. Este é um espaço novo que se deve aprender a *mapear*.

O alvoroço que colocou fim à antiga posição entre o debate (reconhecido como legítimo) e a controvérsia (supostamente ilegítima) tem uma grande utilidade porque mostrou até que ponto a Demarcação era na verdade rudimentar: algo como aquela Muralha da China que nunca deixou de ser porosa e que os bárbaros atravessavam sempre sem grandes dificuldades.[2]

---

[2] A questão da demarcação do que é ciência e do que não é constitui o assunto principal da epistemologia. Além das obras de Alan Chalmers (*Qu'est-ce que la science*, cit.) e de Gaston Bachelard (*La formation de l'esprit scientifique*, cit.), é aconselhável ler o grande clássico de Claude Lévi-Strauss, *La pensée sauvage*, Paris, Plon, 1962 [ed. bras.: *O pensamento selvagem*, Campinas, Papirus, 1989], para começar a compreender as dificuldades da demarcação que a história das ciências complica ainda mais, como atesta o livro bastante acessível de Ian Hacking, *Concevoir et expérimenter: thèmes introductifs à la philosophie des sciences expérimentales*, Paris, Christian Bourgeois, 1989. E, sobre um exemplo muito mais técnico, veja Peter Galison, *Ainsi s'achévent les expériences: la place des expériences dans la physique du XXe siècle* (tradução de Bernard Nicquevert), Paris, La Découverte, 2002. Isabelle Stengers retoma o problema em um plano filosófico em *L'invention des sciences modernes*, Paris, La Découver-

Já sabemos que quase não podemos apelar ao "método científico" para aceitar ou repudiar este ou aquele resultado. O método assim chamado designa ou regras tão banais que se aplicam a todas as atividades, ou exemplos tão precisos que é necessário analisar cada protocolo para decidir se é bom ou ruim. No primeiro caso, apelar para o método não estabelece nenhuma diferença; no segundo, é necessário descer aos detalhes íntimos das controvérsias. Em consequência, nunca há modo de pôr fim à disputa, distinguindo os que aplicam o método "são" daqueles que se afastaram dele. Lembre-se dessas transições indefinidas entre a demonstração e a retórica que os alunos aprenderam a seguir e a descrever. Um ministro pesquisador bem pode golpear a mesa com o punho e dizer: "É evidente e indiscutível". Acabará machucando a mão sem convencer ninguém. Acho que mostrei a você que os adjetivos "indiscutível" e "evidente" designam ocasiões provisórias e revisáveis, e *nunca o começo* dessas longas trajetórias de provas. Os fatos indiscutíveis sempre são discutíveis, ao menos no princípio. As demonstrações evidentes jamais o são, ao menos no começo. E, contudo, não se pode postergar indefinidamente a cuidadosa tarefa de julgar.

A Demarcação tinha algo muito estranho: carecia de força efetiva, visto que sempre devia apelar ao veredicto de um juízo futuro sempre postergado.

---

te, 1993 [ed. bras.: *A invenção das ciências modernas*, São Paulo, Editora 34, 2002], e, mais recentemente, em uma obra talvez mais fácil, *La vierge et le neutrino: les scientifiques dans la tourmente*, Paris, La Découverte, 2006. O que não impede o retorno, de alguma maneira desesperado, da Demarcação, como em Jean-Michel Berthelot, *L'emprise du vrai: connaisance scientifique et modernité*, Paris, PUF, 2008.

— O que você diz é irracional — afirmam.

— Sim, mas como provar?

— *Amanhã*, quando os cientistas reunidos terão julgado o mesmo que eu.

— Mas a ciência é, por definição, revisável; eu quero a prova hoje, e hoje eles não estão de acordo.

— Amanhã irão concordar, eu garanto; é evidente, é indiscutível.

Antigamente, as almas religiosas invocavam da mesma maneira o Juízo Final para assegurar que os maus seriam castigados e os menos maus, recompensados. Mas o emprego daquela segurança era tão infeliz quanto o que oferece a Demarcação nas controvérsias político-científicas. No caso da controvérsia sobre o clima, por exemplo, não podemos esperar que os fatos a resolvam em dez, cinquenta ou cem anos: é necessário decidir hoje. É possível agir como se já se estivesse habitando esse futuro, como se já tivesse em suas mãos a haste da balança e a espada do arcanjo Gabriel, mas deve-se reconhecer que agora, no fragor da ação, essa espada é de madeira. Pode machucar, mas não pode cortar nada.

— Ah! — exclamam então os devotos da religião da Razão —, o que acontece é que você nos submergiu no coração das disputas, onde *foram confundidos* o público com os especialistas. Descarte toda essa multidão de partes interessadas e nefastas, e saberemos claramente decidir entre nós qual é a boa ciência e qual é a má.

— E como seria possível conseguir semelhante coisa, visto que você logrou *interessar* a todo o público nessas questões, as quais se relacionam com o próprio detalhe de sua existência mais íntima? Como seria possível se já há três séculos se conseguiu — o que é admirável — estender as ciências e as tecnologias quase *por todas as partes*? Não cumpriu você, por acaso, seu sonho de pôr os conhecimentos *ao alcance* da maior quantidade possível de pessoas? Pois estas os tornaram seus; nada mais normal. Se você quer que o público não discuta mais essas questões, contente-se então com os fatos que não interessam a ninguém, que não perturbam os interesses de nenhuma indústria, que não modificam nenhum preconceito, que não atacam nenhuma Bastilha.

— Mas o próprio movimento da ciência é precisamente o de ser crítico, pôr tudo em dúvida!

— Nesse caso, aceite você a controvérsia.

— Mas todos esses participantes interessados não sabem nada do assunto: não são competentes para julgar, não têm autoridade para decidir. Queremos o debate, não a controvérsia.

— Mas são justamente as vozes mais autorizadas as que debatem no seio das próprias disciplinas científicas! Considere você o debate sobre o clima: na França, é um pesquisador patenteado quem critica outros pesquisadores em praça pública.

— Infelizmente, sim, mas é um falso cientista.

— Ah, muito bem! Você quer se livrar ao mesmo tempo dos incompetentes, sejam eles o público ou os cientistas?

— Sim, evidentemente, queremos que o debate se limite aos que realmente *sabem*.

— E como seriam designados?

— Graças à Demarcação entre boa e má ciência.

— Claro, só que você parece ainda não ter compreendido que é precisamente isso o que está em questão...

Seria necessária a caneta de um Erasmo para redigir este novo *Elogio da loucura*. É justamente a ausência de um ponto de vista transcendente — o da Razão — que deixa loucos os que percebem até que ponto carecem, em realidade, de *discernimento* para julgar — *caso por caso, agora,* no calor da ação, rodeados de *todos aqueles* a quem esses assuntos *concernem* — fatos *discutíveis* e fatos *que chegarão a ser* indiscutíveis, só que mais tarde. Hoje descobrem que a autoridade que concordava apelar para a razão transcendente não era, na verdade, mais que o resultado imprevisto e frágil da unanimidade sonhada dos especialistas sobre questões esotéricas e de pouco alcance prático. Entretanto, se esta unanimidade explode em pedaços, se as questões interessam a todo mundo, então o recurso de apelar a uma autoridade superior e definitiva se desvanece de imediato. Não, decididamente não existe a solução de retirar-se: nas questões controversas que interessam à Terra inteira e que obrigam a questionar todas as certezas em relação às quais os próprios especialistas falham, será necessário debater até o fim. À espera de encontrar o fim... É possível passar de um juízo transcendente e definitivo, mas *inoperante*, a um juízo imanente, revisável, provisório, mas que seria, desta vez, *operante*? A sorte das humanidades científicas se decidirá precisamente em relação a esse caráter empírico, operante, instrumental. Como você poderá perceber, tento manter os dois objetivos: o da teoria e o da prática, a metafísica mais disparatada e o instrumento mais *user friendly*!

Proponho a meus alunos que abram caminho entre duas angústias: a da multidão e a da torre de marfim, ou seja, a agorafobia e a claustrofobia... A multidão é a angústia suprema desde o *Górgias*, de Platão: deixar as questões de fato aos extravios do voto popular. E é verdade que há aí um monstro aterrador: não ocorreria a ninguém decidir sobre a origem antrópica das mudanças climáticas organizando um referendo: "Sim/ Não/ Não sabe". Inserirmo-nos no boca a boca da blogosfera não seria mais tranquilizador.

Você compreendeu desde a primeira carta: não podemos nem separar nem fazer coincidir por completo ciências e sociedade. Justo nessa contradição aparente os dois relatos são verdadeiros de uma única vez, graças ao trabalho da tradução. Não existe saber assegurado se este não for *retirado* da ágora, se não *passar* pelo laboratório, cujas portas terão sido cuidadosamente fechadas para que se possa contar com o simples tempo de pensar e preparar, às vezes durante muitíssimos anos, experiências pertinentes, até que seja acumulado um saber suficientemente fino e especializado. Mas, ao mesmo tempo, conforme assinalei em várias oportunidades, é impossível *permanecer* no laboratório. Logo após entrar no silêncio desses recintos, o homem de ciência deve voltar a sair para convencer outros colegas, para interessar os financiadores, os industriais, para ensinar os estudantes, para satisfazer o apetite de conhecimento do público... E aqui nos encontramos, novamente, na ágora. Os cientistas não podem permanecer nem no meio da multidão nem entre eles próprios. Felizmente, agora sabemos continuar esses movimentos de sístole e diástole, esta respiração, esta vascularização das ciências por desvios e composições. Portanto, é necessário um público que pense e que possa dizer *cogitamus* e, inclusive, se for possível, *calculemus*. Mas como calcular e pensar em comum? Com quais instrumentos?

A solução mediana, clássica, razoável, usual (e agora já deteriorada) consiste em confiar a *especialistas* o papel de mediadores entre os laboratórios e a multidão.[3] Infelizmente, muitos desses especialistas se parecem um pouco com os porteiros dos conventos que, em seu interior, devem respeitar a clausura e permanecer mudos como tumbas e, no exterior, devem possuir grande sociabilidade e ser tagarelas como as maritacas. Mas, como os porteiros, esses especialistas são almas divididas, quase sempre infelizes. Com efeito, não há nada menos *científico* que um especialista obrigado a ser o intermediário entre inumeráveis pareceres divergentes e a reduzir um *front* de pesquisas multiformes a alguns dados que sejam compreensíveis para quem está do outro lado do muro: para ser especialista, teve que abandonar tudo o que faz a gloriosa incerteza da pesquisa. Mas também não há nada menos *político* que um especialista obrigado a formular os objetivos e os interesses do público em uma linguagem que seja compreensível para seus pares: para ser um especialista, teve que abandonar toda a gloriosa complexidade dos cálculos políticos. Mediação ainda mais impossível pelo fato de os políticos, para se desencarregar de toda controvérsia com seus mandantes, simularem agir *unicamente* por ordem expressa dos fatos. "Apenas atuaremos — dizem — se soubermos. Enquanto não soubermos, não agiremos." Estranha teoria da ação pública que a subordina por inteiro às certezas

---

[3] A questão da aptidão profissional continua sendo pensada segundo o modelo proposto pelo rico livro de Max Weber, *Le savant et le politique*, Paris, 10/18, 2002 [ed. bras., *Ciência e política: duas vocações*, São Paulo, Cultrix, 1970]. Mas existe todo um trabalho de desconstrução: veja, no caso de exemplos médicos, o de Nicolas Dodier, *L'expertise médicale: essai de sociologie sur l'exercice du jugement*, Paris, Métaillé, 1993, e o de Marie-Angèle Hermitte, *Le sang et le droit: essai sur la transfusion sanguine*, Paris, Seuil, 1996, obras certamente especializadas, mas indispensáveis para seguir as dificuldades do papel do especialista.

científicas: "Visto que os cientistas afirmam A.B, nós, os políticos, autorizamo-nos, portanto, a atuar, e vocês, o público, somente podem consentir, pois não estão cedendo a uma decisão política, mas, sim, à verdade dos fatos". Os políticos conferem, assim, um papel à Ciência parecido com aquele da Europa em relação a Bruxelas: em nome de uma autoridade superior, fazem passar por um destino inelutável as decisões que não têm coragem de tomar por si próprios. "Visto que a origem antrópica do aquecimento global está provada, devemos atuar com o fim de reduzir nossa pegada de carbono: não vejam nisso decisão alguma de nossa parte; a Ciência nos obriga a atuar e a fazer isso urgentemente." E, quando não falam de ecologia, falam de economia, de biologia, de sociologia ou de direito.

O mais extraordinário é que, no balanço geral, essas injunções não são nem científicas (visto que se trata de uma simplificação feita pelos especialistas mediadores de um *front* de pesquisas infinitamente mais complexas), nem políticas (visto que a ação supostamente deriva somente do saber, sem que tenha sido agregada a ele alguma deliberação ou decisão). Resultado admirável: depois de centenas de anos de racionalismo e de epistemologia, conseguimos organizar toda nossa vida pública em torno de injunções que despojaram a ciência de toda pesquisa da verdade, e a política, de toda decisão autônoma! (Se tivesse tempo, mostraria a você que o *princípio de precaução*, tão importante como violentamente atacado, coloca fim a essa estranha teoria da ação: agora, a ação já não seguiria o conhecimento, mas o acompanharia, precederia e, às vezes, o sucederia.)[4]

---

[4] Os termos *risco* e *precaução* foram introduzidos particularmente pelo livro de Ulrich Beck, *Société du risque: sur la voie d'une autre modernité* (tradu-

No fundo, o especialista (por mais simpático e modesto que seja) não faz nada além de reforçar a impossível Demarcação quando tenta dissimular diante do público a cozinha das ciências que está se desenvolvendo naquele momento e sobre aquele assunto, ao mesmo tempo em que faz de conta proteger os cientistas do interesse e das paixões da multidão. E o pior é que o biombo dos especialistas tem a espessura exata para permitir que os políticos se protejam detrás das opiniões daqueles para não ter que decidir por eles próprios e para eles próprios. Há nisso algo de verdadeiramente cômico: os políticos se escondem como crianças detrás dos especialistas, que tentam desesperadamente dissimular as brechas da Grande Muralha que deveria separar a Ciência da Política — e que atravessam, em todos os sentidos, sem se preocupar com eles, pesquisadores dissidentes, industriais, ativistas, jornalistas, *bloggers* e aficionados. Tenho alguma esperança de que o *climategate*, após o fracasso de Copenhague, marque o abandono do papel do especialista para resolver por si só as questões de políticas das ciências e das técnicas. Veja bem: não estou com isso dizendo que esses especialistas tenham fracassado e que seria necessário confiar a tarefa a *outros* especialistas ainda mais sábios ou mais afirmativos, mas sim que o papel que foi designado aos especialistas passou a ser insustentável e que é necessário encontrar outros apoios para ele e fazê-lo experimentar outras combinações.

Sinto que você repetirá para mim a sua pergunta: "O que fazer?", mas com um tom um pouco impaciente. E teria razão. Contudo, não percebe você que talvez estejamos a ponto de

---

ção de Laure Bernardi, prefácio de Bruno Latour), Paris, Flammarion, 2003 [ed. bras.: *Sociedade de risco: rumo a uma outra modernidade*, São Paulo, Editora 34, 2010].

colher o fruto de nosso trabalho e de enfim tirar partido de nossos diários de bordo?

Ao fazer um repasso diário, na imprensa, dos vínculos das ciências com as políticas, adquirimos o hábito de *ignorar* a Demarcação e nos acostumamos, pouco a pouco, com o *registro* do que chamei de cosmogramas. Estes — como bem compreendemos — não remetem nem às ciências, nem às técnicas, nem às políticas, mas aos encadeamentos de seres diversos, a respeito dos quais dizemos serem mais ou menos compatíveis ou mais ou menos exclusivos de outras associações. O que procuramos descrever já não é a Distinção entre ciência e política (desde o primeiro curso sabemos que é insustentável fazer isso), mas sim as distinções — assim, no plural — entre composições *de mundos*. Não se trata mais de definir o que é o universo, para em seguida extrair dessa definição regras de ação; mas trata-se de forçar cada parte a *explicitar* o seu — ou os seus — *cosmos*. É daí que vem a expressão "multiverso". Com quem você quer se associar? Com qual indústria, disciplina, direito...? Com quais outros países, partidos políticos, militantes...? Para desenhar quais cidades? Com quais comensais, animais, plantas...? Com quais ventos, céus...? Em quais instrumentos você confia? Mediante quais protocolos você irá trazer a prova do que afirma?

Estas perguntas ressaltam, para cada parte interessada, não mais os fatos — o que, em inglês, chama-se *matters of fact* —, mas preocupações ou questões — o que, outra vez em inglês, peço desculpas a você, designa-se com o estranho termo *issues*, ou, melhor ainda, *matters of concern*. É como se houvéssemos passado da pesquisa dos *matters of fact* à exploração dos *matters of concern*. Não existe uma esfera da Ciência e outra da Política mediadas por especialistas que ocupariam a intersecção e cumpririam a função de passa-pratos, mas uma sobreposição de cosmogramas, que devemos aprender a descrever e tornar públicos. O que peço a meus alunos, no fundo, é que descrevam mundos diversos, agenciamentos, repartições entre o que é aceitável e o que é inaceitável, o que é compatível e o que é incompatível. Cada entrada de seu diário de bordo constrói um pequeno mundo que descompõe o das outras partes implicadas para elaborar um próprio. Qual é a diferença entre os bons e os maus agenciamentos? Os maus são aqueles em que há a negação em explicitar o cosmograma e expor em que difere verdadeiramente dos outros. Todo o trabalho consiste então em distinguir, entre os protagonistas de uma discussão, aqueles que são mais ou menos *sectários* e que confiam — ou não — apenas no exercício de seu próprio *arbítrio*. Distinguir aqueles que torcem o nariz para produzir o que se conhece com uma expressão banal, mas, no fundo, admirável: um *modus vivendi*, um modo de vida comum.[5] Em suma, os que se negam a ter que *compor*: sim, desde o momento em que entramos no multiverso, temos que lidar com as *guerras de mundos*.

Para descrever essas batalhas, pego emprestado da filósofa belga Isabelle Stengers o termo pouco usual *cosmopolítica*. Com as controvérsias, com as humanidades científicas, com a grande narrativa da vinculação, entramos coletivamente nos terrenos ainda mais emaranhados da cosmopolítica.[6]

---

[5] Resumo aqui a contribuição que me parece essencial de Walter Lippmann, *Le public fantôme* (tradução de Laurence Décréau, com introdução de Bruno Latour), Paris, Demopolis, 2008, e desse outro clássico, agora disponível em francês, de John Dewey, *Le public et ses problèmes* (tradução do inglês e prefácio de Joëlle Zask), Paris, Gallimard, 2010.

[6] O termo é de Isabelle Stengers, *Cosmopolitiques. Tome 1: La guerre des*

Você não ignora que o termo "cosmopolita" tem uma origem muito antiga e muito bonita: todos os grandes progressos da civilização dependeram, desde os gregos até nós, do "espírito cosmopolita", desenvolvido pelos que se definiram, de século em século, como "cidadãos do mundo". Mas a época recente nos obrigou a insistir de forma progressiva na parte *cosmos* desta palavra composta. Não se trata mais de cidade — a *polis* grega — e de civilização — a *civis*, desta vez em latim —, mas sim de que atualmente o termo se refere, de modo muito mais literal, ao que acontece com os mundos; por exemplo, com os climas, os animais, as plantas, os vírus, os neurônios, as partículas e os átomos. A extensão das disputas referentes às ciências e às técnicas nos obriga a levar a sério uma cosmopolítica nova, o que não apenas significa que deveríamos nos sentir cidadãos do mundo ou que habitemos as cidades (algo certo desde que metade da humanidade se tornou urbana), mas também que o ordenamento do cosmos depende agora da vida pública. No passado, o espírito cosmopolita designava o sentimento de uma comunidade universal das elites. A palavra "cosmopolítica" é mais conflituosa, e também mais dura, pois designa esse jogo de poderes e de contrapoderes, de *checks and balances*, que ainda se deve inventar para que não exista mais política alguma que não leve em consideração o cosmos e que não haja nenhum cosmos que não possa penetrar os terrenos do político.

Isto, certamente, não equivale a dizer que todas as questões da ciência devam ser debatidas de igual maneira entre o

---

sciences, Paris, La Découverte/Les Empêcheurs de Penser en Rond, 1996. Também é o nome da revista dirigida por Dominique Boullier, acessível em <www.cosmopolitiques.com>.

mesmo público. Cada assunto de disputa, cada controvérsia, possui, de alguma forma, seu público associado. Esta é precisamente a maior dificuldade desde que não há mais um único público, um único universo, nem uma única Ciência que permita unificar tudo de uma vez e para sempre. Basta dar uma olhada à extraordinária diversidade de nossos diários de bordo. Alguns assuntos, completamente esotéricos, interessam apenas a alguns especialistas dispersos pelo mundo. Outros, ao contrário, comovem uma quantidade considerável de instâncias e chegaram a virar assuntos de Estado (pense na disputa sobre os organismos geneticamente modificados — OGMs — ou nas pesquisas sobre células-tronco ou, um caso ainda mais evidente, na polêmica verdadeiramente mundial sobre o clima). Outros, ainda, passaram a ser objeto de regulamentação (por exemplo, as autorizações para permitir que esse ou aquele medicamento seja lançado no mercado, decisões que são tomadas em alguns escritórios isolados). Outros, enfim, desapareceram tão completamente da consciência coletiva que ninguém mais se lembra da sua origem controvertida e hoje são parte da moldura normal de nossa vida cotidiana (nenhuma jovenzinha que toma anticoncepcional pensa na química de Pincus, na militância de Sanger ou nas violentas polêmicas que essas descobertas suscitaram no Parlamento). E, contudo, todas essas questões — sim, são questões, *matters of concern* — de trajetórias tão diferentes, de públicos tão variados e tão mutáveis, *todas* elas são parte da cosmopolítica, independentemente de serem resolvidas dentro da cabeça de um cientista genial ou em praça pública. Em cada ocasião a composição do mundo mudou, visto que outras associações e outros encadeamentos se tornaram compatíveis ou incompatíveis. Sem dúvida, seria tão simples, tão cômodo, tão tranquilizador poder confiar ao mesmo tempo nas certezas dos homens de ciência e na autoridade dos políticos! Que bela cosmopolítica seria esta... Essas duas transcendências nos poupariam de todas as preocupações, pois bastaria que as fizéssemos coincidir para obter o governo dos homens e das coisas. Infelizmente, não há transcendência nem do lado das ciências nem do lado da política. A cada momento temos que confiar no passo hesitante do ensaio e das provações, das tentativas e da hesitação, da precaução e da exploração coletiva. Nada pode ser acelerado.

Para ajudá-los a acomodar este argumento aos modos habituais de pensamento sem que se ressintam de uma cruel decepção, proponho a meus alunos que empreguem a noção bem cômoda de *porta-voz* e que considerem que nas questões de cosmopolítica se encontram os que falam em nome dos humanos — *grosso modo*, os políticos — e os que falam em nome dos não humanos — digamos, os cientistas, que, de acordo com o que aprendemos, sabem fazer as coisas falarem por meio de seus laboratórios —, mas também numerosos atores, ativistas, praticantes, consumidores, amadores esclarecidos, especialistas de todo tipo, cujas competências imprevistas têm direito ao assunto. Toda a questão cosmopolítica se transforma então na de encontrar o meio de construir os recintos em que esses porta-vozes possam se reunir e compartilhar suas incertezas sobre a qualidade de suas *representações*. Essa palavra venerável deve ser entendida nos dois sentidos: o da filosofia política (o que é um governo *representativo*?) e o da filosofia das ciências (o que é uma *representação exata*?). E, em seguida, peço aos alunos que sigam as controvérsias fazendo-se as três perguntas seguintes: Os representantes são legítimos e estão autorizados (sejam cientistas ou políticos)? As representações das coisas e das questões que debatem estão suficientemente precisas? E, por último: Existem âmbitos legítimos em que ambos os grupos de representantes possam se encontrar e eventualmente mudar de opinião sobre suas posições? Não há como fazer algo melhor. Acima disso, não há nada. É o que eu resumia há vinte anos com uma fórmula que na época parecia provocativa: o *Parlamento das coisas*. Atualmente, o senso comum compreende com facilidade que a reunião de Copenhague sobre o clima — essa farra de chefes de Estado, cientistas, lobistas, militantes e jornalistas — delineia muito bem um *Parlamento do clima*. Agora que a natureza entrou na política — em vez de servir de corte de apelação para os abusos da política —, todo mundo entende que é necessário criar para ela um recinto que lhe seja digno.

Você me dirá que todos esses argumentos são muito bonitos, mas que continuam não permitindo que você se oriente verdadeiramente em uma controvérsia. Em vez do grande navio prometido, que possibilitaria a você flutuar sobre o relativismo e não se afogar nele, eu apenas lancei a você, até agora, uma tábua de salvação de belas palavras. É que precisamos dispor ao menos de um bote salva-vidas; ou melhor, para mudar de metáfora, de um *instrumento* relativamente confiável (ou, em todo caso, de um novo meio).

Você sabe qual papel cumpriu a invenção do jornal e da imprensa nos hábitos da democracia. Em pleno século XVIII, não era mais natural aprender a articular opiniões sobre as decisões dos poderosos do que é no século XXI construir opiniões sobre as controvérsias científicas e técnicas.[7] Sem a leitura co-

---

[7] Para uma síntese recente, veja, em francês, de Dominique Cardon, *La démocratie Internet*, Paris, Seuil, 2010, e, em inglês, de Richard Rogers, *Infor-*

tidiana do jornal, não saberíamos sequer o que é ter uma opinião capaz de se opor a outra. O espaço público das opiniões entremescladas depende dos órgãos de imprensa. Sei bem que todo mundo está de acordo em dizer que o jornal está tão ameaçado quanto os especialistas. Sim, claro, se pensamos no jornal de papel. Mas não podemos descobrir nas ferramentas digitais que se multiplicam as *sucessoras* do jornal? Retrospectivamente, a crise dos jornais de papel nos revela que os periódicos e as revistas sempre foram *plataformas multimídia* que, por razões contingentes, misturavam na mesma tinta gordurosa gêneros completamente distintos: cotações da Bolsa, notícias mundanas, opiniões, relatos, enquetes, novidades, fofocas, caricaturas; no fim das contas, era todo um mundo vinculado de informações destinado a criar para cada leitor a arena virtual onde repetíamos dia a dia de que era composto nosso mundo — de fato, nossos cosmogramas. Esqueça agora o papel, esse veículo provisório e custoso; mergulhe na *web* e reúna — para enfrentar as controvérsias que interessam a você — os instrumentos multiformes que colocam à sua disposição os inumeráveis inventores de ferramentas de pesquisa e busca. Ora, não disporia você, então, de uma nova plataforma multimídia que lhe permitisse, mais uma vez, embora em uma escala multiplicada, articular suas opiniões confrontando-as com as de outros?

Você objetará que o que causou a perda de autoridade dos meios chamados tradicionais foi justamente a *web* e a prolife-

---

mation Politics on the Web, Cambridge, Massachusetts, MIT Press, 2005. Sobre o mapeamento das controvérsias, veja os *sites* mencionados para o curso de Bruno Latour na *web*. Para uma apresentação, veja, de Tommaso Venturini, "Diving in Magma: How to Explore Controversies with Actor-Network Theory", *Public Understanding of Science*, vol. 19, nº 3, 2010, pp. 258-73.

ração das ferramentas digitais. Ninguém teria se atrevido a duvidar do valor dos dicionários e das enciclopédias sem a mania das *wikis*; ninguém teria ido procurar piolhos na cabeça dos pesquisadores de climatologia sem os correios eletrônicos que um *hacker* neófito podia interceptar sem dificuldade; ninguém teria duvidado da palavra dos especialistas sem a multiplicação dos *bloggers*. Sim, reconheço, as ferramentas digitais são um veneno. Mas, talvez, também ofereçam um remédio. Ao menos, isso é o que exploro há dez anos com os alunos dos cursos chamados "mapeamento das controvérsias". Talvez fosse possível aprender a se orientar nas disputas, com a condição de contar com uma plataforma suficientemente calibrada e padronizada, para dar a um público virtual — ainda a ser inventado — hábitos comuns. Se o jornal permitiu a democracia ao equipar os cidadãos representados nos parlamentos dos humanos, não há razão para que tais plataformas não permitam a democracia técnica ao equipar de novo os cidadãos que querem ser representados nos parlamentos das coisas. Não se nasce cidadão; torna-se um. Com a condição de ter um órgão que ensine a opinar.

Você se lembra da "linha de Demarcação", radical, mas inoperante, entre a boa e a má ciência? Imagine agora que houvesse, por exemplo, alguns *milhões* de pessoas que procurassem, cada uma por si, estabelecer a diferença entre tal resultado comprovado e tal resultado incerto. Suponha que houvesse alguns milhões, ajudados por industriais, de ferramentas de pesquisa e de *data mining*, e que também estivessem trabalhando para definir a autoridade respectiva dessa ou daquela fonte. Que houvesse várias centenas de milhares nas bibliotecas, concentrados em indexar os documentos mais pertinentes, e muitos milhões que — sempre cada um por si — rotulassem esses mesmos documentos em função de seu próprio interesse. Imagine, além disso, que existem lugares que permitem não apenas ler os dados secundários tratados pela bibliografia erudita, não apenas ter acesso aos dados primários, mas que transformam, em função de protocolos amplamente distribuídos, uma multidão de consumidores de dados em *produtores* de dados. Adicione a isso milhares de voluntários — pesquisadores, espiões, ativistas, jornalistas, investigadores, amadores, historiadores, sociólogos — que já tentaram, por mil meios, mapear as controvérsias aí propondo sua própria descrição e ferramentas. Em que se converteria agora a questão da Demarcação? Perderia a maiúscula, concordo; seria preciso escrevê-la no plural, evidentemente; mas, enfim, se tornaria *operativa*. Analisando caso por caso, seria possível obter uma descrição cada vez mais precisa, cada vez mais compartilhada, cada vez mais facilmente revisável, de cadeias de argumentos que definem os cosmogramas. Aprender-se-ia então a se orientar no espaço das controvérsias. Começaria a ser formada uma opinião sobre as questões discutidas sem esperar que se resolvam. Saber-se-ia quem disse o que a quem, com qual financiamento, qual instrumento, de acordo com qual paradigma, com qual autoridade e com relação a quais indústrias, quais interesses, qual visão de mundo. Em vez dos enunciados flutuantes dos quais já falamos, os enunciados estariam enganchados, rastreados, ancorados e, sobretudo, seriam debatidos.

Ora, todas essas ferramentas já existem, dispersas talvez, balbuciantes, primitivas, mas começam a se agrupar em plataformas cada vez mais eficientes cujo poder de discriminação aumenta dia a dia. Não pense você que me deixo levar pelo entusiasmo que me inspiram as técnicas da *web* ou que tenho grande confiança no que hoje chamam de "democracia digital". Sei muito bem que para que exista um jornal, deve haver jornalistas e que o trabalho de formatação e simplificação exige qualidades que, no momento, a inundação digital não parece oferecer. Mas eu aproveito essas ferramentas para insuflar nova vida às perguntas clássicas da filosofia das ciências. É difícil descrever a você o papel dessas interfaces, que têm uma existência interessante na tela. O melhor é que você vá e veja com seus próprios olhos (Figura 5.1). Esta é a vantagem de utilizar os e-cursos.

Figura 5.1
Os trabalhos dos alunos de várias instituições, disponíveis em <http://medialab.sciences-po.fr/controversies>, já definem um tipo de enciclopédia das controvérsias, em que cada caso aparece tratado de acordo com um método comum, mas com resultados diferentes, produzindo assim uma espécie de casuística generalizada dos *matters of concern*.

Pois bem, seja qual for o juízo que você tenha sobre essas ferramentas, haverá de reconhecer que em sua proliferação há algo surpreendente: os filósofos das ciências continuam se batendo em relação à distinção exata entre o racional e o irracional ou, ao contrário, consideram que não há problema em afirmar estoicamente que, doravante, é necessário renunciar a esta distinção já superada, e isso no próprio momento em que a imensa maquinaria digital se pôs em funcionamento para voltar a formular todas as perguntas epistemológicas mais clássicas com esses instrumentos poderosos que você utiliza todos os dias sem sequer pensar neles.[8] Certamente que sim, e assim é todos os dias em que você verifica no Google Acadêmico™ a autoridade relativa de seus professores, que você confia no Technorati™ para localizar os *blogs* mais pertinentes, que você interroga as extensões de RSS [Really Simple Syndication] para seguir as páginas da internet que interessam a você; todos os dias em que você se beneficia, sem sequer se dar conta, das pequenas múltiplas demarcações introduzidas pelos humildes indexadores concentrados em suas bibliotecas; que você saqueia os arquivos abertos que colocam à sua disposição documentos até então inacessíveis ou custosos, antes mesmo que sejam publicados oficialmente; que você faz o *upload* de imagens ou vídeos que permitem a outros seguirem o fio de suas próprias demonstrações e opiniões. O paradoxo é que no pró-

---

[8] Aqui me baseio nos trabalhos de Noortje Marres, "Issues Spark a Public Into Being: A Key But Often Forgotten Point of the Lippmann-Dewey Debate", em Bruno Latour e Peter Weibel (orgs.), *Making Things Public*, cit., pp. 208-17. Aliás, o conjunto desse catálogo, profusamente ilustrado, pode servir de complemento para este capítulo.

prio momento em que a Demarcação parece definitivamente abolida, *as demarcações* se expandem e ganham em resolução. O filósofo das ciências Karl Popper (1902-1994) procurava, no que ele chamou de *falsificação*, um princípio de método que permitisse separar o joio do trigo; outro filósofo, Imre Lakatos (1922-1974), queria distinguir os programas de pesquisas fecundos dos que corriam o perigo de "se degenerar". Mas agora toda a *web* apresenta essas mesmas questões de demarcação entre boa e má pesquisa e o faz por meios multiplicados. A epistemologia, enfim, encontra-se verdadeiramente democratizada... E, uma vez mais, a expressão *cogitamus* não soa de modo algum como o antigo *cogito*.

Com frequência se objeta que esses instrumentos digitais se baseiem unicamente na reputação, e não na pertinência ou na autoridade real. Isso é o que se diz, por exemplo, como queixa, quando se afirma que a única coisa que o *page ranking* do Google faz é recompensar quem já é conhecido, "sem que haja nenhuma relação com a qualidade dos argumentos". Isto é assim até o ponto em que, por exemplo, para saber se um remédio é ou não perigoso, quem consulta corre o risco de encontrar nos dez primeiros resultados (os únicos que a maioria dos internautas lê) tanto a advertência dos especialistas do Ministério da Saúde quanto o *blog* de algum defensor dessa ou daquela teoria do complô ou do lugar criado por um ingênuo que propõe usar o pó de pirlimpimpim. Como sair de semelhante confusão entre o "argumento demonstrado" e a "simples opinião"? Voltar a entrar na *web* é fazer como aquele que, diante da ameaça de chuva, atira-se no rio para não se molhar. Mas, na realidade, se bem que é certo que voltemos a nos encontrar diante da questão clássica da Demarcação, agora temos uma vantagem: os mesmos instrumentos de pesquisa, os mesmos robôs, os mesmos *crawlers* podem remontar tão bem a cadeia de um argumento demonstrado como o rumor mais disparatado. Estas ferramentas são tão poderosas para mapear as controvérsias em que se *misturam* os fatos e as opiniões justamente porque *não* estabelecem nenhuma diferença entre os fatos e as opiniões! No início, certamente, parece revoltante confiar sem mais nem menos no "voto" das páginas. Mas basta *prolongar* sua investigação para se dar conta muito rapidamente de que é possível agregar o *conteúdo* de diferentes fontes e que, depois de alguns *clicks*, terá sido estabelecida a distinção entre uma conspiração e uma prova. A ideia que persigo junto com meus companheiros de humanidades científicas — ou digitais, como desejar — é utilizar todos os princípios que resumi para você nestas cartas para construir a *interface* entre as perguntas que se faz o cidadão e o oceano do digital. Você terá então uma ideia do jornal, do meio, do futuro (Figura 5.2).

Se você me dissesse que essas demarcações múltiplas nunca poderiam substituir a Demarcação perdida, eu responderia a você que com esta casuística digital ocorre o mesmo em relação à passagem das matemáticas clássicas às ferramentas de simulação. Você não hesita antes de entrar em um avião ou de se sentar sob a cúpula de um estádio gigantesco e, contudo, há muito tempo, esses dispositivos audazes não são mais o resultado de um cálculo de equações integrais, mas sim de *simulações* digitais, que, pelo fato de se basearem na potência de cálculo dos computadores, não são menos confiáveis. Se me fosse dito que ninguém aceitaria confiar a sorte da verdade a um mapeamento das controvérsias, eu responderia que isso depende da potência de resolução do instrumento que permita calcular a *multiplicidade* de pontos de vista e seguir a *dinâmica* de suas transformações. Para dizer de outra maneira, cada dia diminui mais a diferença entre um pesquisador e um *search engine*.

Figura 5.2
Graças a um contrato europeu, chamado MACOSPOL, ao que se tem acesso em <www.mappingcontroversies.net>, foi possível reagrupar uma grande quantidade de ferramentas disponíveis no mundo digital que permitem fazer um primeiro esboço desse novo meio, que ofereceria a possibilidade de tornar operativa a navegação pelos dados controvertidos.

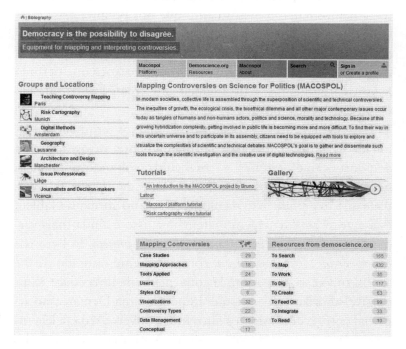

Além do mais — se pensarmos bem —, tudo é, sempre, uma questão de número. Quando se diz que nunca se poderia definir a verdade pela "quantidade de pessoas" que consideram

Quinta carta

verdadeira essa ou aquela opinião, acredita-se estar dizendo algo de imensa profundidade, quando, em realidade, está-se apenas contando, *de outra maneira*, outra coisa e com outros instrumentos. Quando Galileu afirma que apenas uma de suas demonstrações pode contradizer "mil Aristóteles e mil Demóstenes", não opõe o voto da multidão dos filósofos e dos retóricos a algo que escaparia ao número: opõe quantidades a outras quantidades. Eu não disse, com efeito, que uma só experiência bem arrazoada "pesa mais" que miríades de opiniões? Pois bem. Imaginemos então o instrumento que nos permita *pesar* a relação entre a experiência e a multidão de opiniões. Arquimedes apenas necessitava de um ponto fixo para fazer deslizar nele sua alavanca. Pois então: dê-me você a balança que permita pesar os argumentos. Existe semelhante coisa? É uma questão empírica, prática, positiva.

Eu fiz uma aposta: a de que poderíamos ter uma oportunidade de resolver tornando, primeiramente, *comensuráveis* a demonstração e a retórica, e, em seguida, voltando-nos para as ferramentas digitais, para medir seus respectivos pesos. Se é verdade que "o grande livro da natureza", como afirmava Galileu, está escrito em linguagem matemática, isso é ainda mais verdadeiro se falamos desse grande *esboço de projeto* do livro das *controvérsias sobre a natureza*, completamente rasurado de 0 e 1. Em todo caso, espero tê-la convencido de uma coisa: é impossível abordar estas questões impondo uma Demarcação artificial entre o domínio dos fatos indiscutíveis e o da peleja interminável. Trata-se de uma aposta, eu sei, mas é a aposta das humanidades científicas. Do *cogito* não se pode deduzir nada, nem sequer que existo. Mas, do *cogitamus*, pode-se deduzir tudo — ou pelo menos tudo aquilo que importa para a composição progressiva de um mundo que teremos finalmente pensado, pesado e calculado em comum. *Cogitamus ergo sumus.* "Pensamos", logo embarcamos juntos em um mundo a compor. Precisamente para alentar meus alunos, digo-lhes: as coisas vão se tornar verdadeiramente interessantes!

Desejando que você tenha achado cômodo o procedimento dos cursos *on-line*, e esperando não ter dado a você demasiadas falsas esperanças nas capacidades do digital para redefinir as questões que a epistemologia nunca teria podido resolver, aqui me despeço.

Seu professor por internet...

Sexta carta

O curso não surtiu o efeito esperado? Peço desculpas a você; os cursos *on-line* ainda não estão perfeitamente afinados, eu sei. É uma pena. Ainda mais porque enfim nos aproximamos dessa questão que havia causado sua inquietação e que explica por que você tinha querido fazer o curso.

Provavelmente seja culpa de uma falha dessas famosas técnicas digitais que faz com que você me diga, por exemplo, que eu nunca defini a palavra "ciência". Sim, eu a defini, mas já no final, e ela deve ter se perdido no ciberespaço. Raios, isso é algo que não respalda de forma alguma as afirmações que fiz na carta anterior... De todo modo, a partir do momento em que se usa o substantivo "ciência", está-se recortando um pouco ao acaso um conjunto de resultados em um folheado de traduções que vai se reunir e combinar rapidamente. Que poderíamos fazer com um domínio tão mal delimitado? É como se servir de uma lasanha e separar todas as camadas sobrepostas de massa, de tomate e de carne moída, que são o que formam a própria qualidade do prato. Contudo, defini bem o *adjetivo* científico.[1]

---

[1] Sobre uma versão mais extensa dessas definições, veja, de Bruno La-

Passo batido por um primeiro sentido bastante popular pelo qual se designa um conjunto de virtudes ou de maneiras de ser: se dirá do sr. Spock que ele tem o aspecto de um verdadeiro "cientista" porque controla suas emoções, fala de uma maneira neutra, está fazendo cálculos a todo momento, é sério e, ao mesmo tempo, ligeiramente obstinado, e parece "objetivo". Acaba sendo divertido: com essa palavra *objetivo* se designam qualidades sempre *subjetivas*, qualidades que concernem à pessoa, e de modo algum ao objeto conhecido.

Em seguida há um segundo sentido — que começamos a conhecer melhor —, pelo qual se distingue de modo radical o que é científico do que não é: a retórica, a política, a religião, a arte etc. Neste caso, designa-se uma realidade subjacente, objetiva, a das qualidades primárias, em oposição à outra, a das qualidades secundárias, as ilusões dos sentidos, o que acredita o senso comum e assim sucessivamente. O problema deste segundo sentido — como mostrei a você em várias oportunidades — se apoia no fato de ser inteiramente *polêmico*, pois não tem outro conteúdo além do de criar o contraste entre o racional e o irracional. Graças a este sentido é possível desenvolver a grande narrativa que nos fez passar do cosmos arcaico ao universo infinito (mas, infelizmente, desencantado e vazio de sentido).

Podemos agregar um terceiro sentido, mais banal, mas que é provavelmente o mais difundido: quando se diz que um resultado é "científico", está-se assegurando que primeiro reuniu numerosos dados que lhe permitem respaldar aquilo que afirma; que esses dados foram validados, autorizados por um

---

tour, "Pour un dialogue entre science politique et *science studies*", em *Revue Française de Science Politique*, vol. 58, nº 4, 2008, pp. 657-78.

conjunto de protocolos garantidos por uma cadeia de instituições e que poderiam ser rastreados em caso de incerteza ou de dúvida. Ao dizer que o resultado é científico, quer-se apenas assinalar a armazenagem, em alguma parte, dos dados — os *data* —, e que se poderia mobilizá-los muito rapidamente graças a todo um conjunto de velozes veículos. É tudo uma questão de capacidade de armazenamento, de velocidade de acesso e de visualização.

Conforme você verá, já temos três sentidos bastante diferentes. Tão diferentes que tenho que chamar a sua atenção para um quarto sentido: dizer que um resultado é "científico" implica nos conduzir para um laboratório (no sentido amplo) no qual topamos com um conjunto de testemunhas reunidas ao redor de um instrumento, que permite reunir o testemunho de um outro conjunto de entidades submetidas a provas, graças às quais vão poder participar de uma maneira ou de outra daquilo que se diz delas. Nesses lugares, *a linguagem articulada dos seres humanos se carrega da linguagem articulada do mundo.* O que me interessa neste quarto sentido é que ele não dirige a atenção para as qualidades subjetivas (como o primeiro), nem polêmicas (como o segundo), nem simplesmente logísticas (como o terceiro), mas sim para um conjunto de montagens em que *cada uma delas pode fracassar*: os testemunhos podem ser ambíguos, os instrumentos podem estar mal ajustados, as provas, mal escolhidas, os resultados, mal interpretados. Nesta nova acepção do adjetivo "científico", já não há nada *automático* na extensão indefinida das provas. Dizer que uma montagem é científica significa *colocar em andamento* a discussão; não é, como com os outros sentidos, *colocar fim à discussão*. É *começar* o trabalho de extensão dos fatos, e não mais acreditar em um *fato consumado*. Este quarto sentido tem a interessante particularidade de nos permitir fazer justiça a todos os investimentos e colaborações do laboratório sem antecipar nada sobre a continuidade, a universalidade, a extensibilidade, a indiscutibilidade dos resultados trabalhosamente obtidos pelos trabalhadores da prova e outros profissionais de avental branco. Esta precaução é capital, não apenas para devolver a palavra aos cientistas, mas também para dá-la àqueles a quem se dirigem os pesquisadores, assim como àqueles de quem estes falam. Como a defini anteriormente, a eloquência supõe aprender a *falar bem*, e nós sabemos que não há nada mais difícil do que isso.

Perceba você que é possível ter o quarto sentido, mas não o terceiro (é, por exemplo, o caso dos trabalhos de campo etnográficos), e que é possível ter os três últimos sem ter o primeiro (não é necessário ser o sr. Spock para ser um grande pesquisador!). Quanto ao segundo, aconselho vivamente a você que não o use mais, a não ser que queira substituir a pesquisa da razão pela polêmica do racionalismo. Ao distinguir esses quatro sentidos, notamos, aliás, que nenhum deles traça uma diferença marcada entre as ciências chamadas *hard* e as que se denominam, de modo bastante errado, *soft*. Montar os procedimentos de provação que permitem articular uma prova sempre é difícil e duro, sim: verdadeiramente *duro*, eu posso testemunhar, quer lidemos com receptores de acetilcolina, com partículas, com instituições, com seres humanos ou com conceitos. Não há ciências duras e ciências moles — ou flexíveis; há apenas cientistas indiferentes e cientistas capazes de *estabelecer uma diferença* entre estados de coisas até então confundidos. Mas esta é outra história.

Se minha exposição parece demasiado rápida para você, entre em YouTube.com, ou, melhor ainda, em DnaTube.com, ou em qualquer site de cursos à distância, e se concentre nos *movimentos* que fazem os pesquisadores apaixonados pela explicação que estão dando dos seres que conseguiram articular. Olhe bem para eles: creio que se convencerá — como eu me convenci — de que os *gestos* dos pesquisadores os traem. Você não poderá senão se comover ao ver como eles habitam profundamente as equações; como conseguiram fazer com que seus corpos adquirissem a posição de um buraco negro, de uma partícula ou de um vírus; como imitam em seu comportamento a surpreendente originalidade de um ecossistema, de uma reação química ou de uma nuvem estatística. E você me dirá se, de verdade, honestamente, pôde descobrir a infranqueável distância entre a objetividade de um objeto neutro e a subjetividade de um *cogito* frio. Você não diria que conseguiram, pelo contrário, fundir todas as capacidades de seu corpo, de suas emoções, de suas paixões do conhecimento com as propriedades mais íntimas da matéria? E para conseguir isso levaram anos de aprendizado, de repetições, de recomeços. Sim, sim, admire os acrobatas e os trapezistas, os palhaços e os contorcionistas do circo, mas admire também — eu insisto — a incrível beleza dessas arenas que permitiram a simples seres humanos que se enroscassem nas dobras de seres que lhes eram completamente alheios até torná-los articuláveis e pronunciáveis. E depois também admire, mas desta vez com lágrimas de raiva, como esta cena inusitada — na qual fundiram-se em uma mesma coreografia os sujeitos e os objetos — foi apagada, eliminada, negada, proibida, censurada e deliberadamente substituída pela absurda cena de um sr. Spock, rígido como um tronco, falando com voz metálica sobre um objeto distante que lhe seria por completo *indiferente*. E depois nos assombramos com o fato de os jovens se distanciarem das ciências e de que o senso comum não tenha suficiente espírito científico... (E a nós, a mim, nos acusam de sermos contrários à ciência?!) Oh vocês, os Modernizadores, quanto lhes é custoso celebrar seus maiores triunfos!

Mas você tem razão ao dizer que agora o que é necessário é — em todos os sentidos da palavra — *enfrentar* a questão da natureza! Na grande narrativa de emancipação e de modernização — para não nos distanciarmos do belo livro de Koyré —, este universo infinito é evidentemente a natureza, cujos segredos se exibiam, enfim, progressivamente aos olhos dos seres humanos à medida que estes se afastavam dos limites de seus cosmos finitos e arcaicos. E com a vantagem suplementar de que quanto mais se estendia a natureza tanto mais deveria crescer o *acordo* entre os seres humanos. "Ah" — exclamavam todos —, "se enfim fôssemos capazes de substituir os abusos da subjetividade, a diversidade das adesões religiosas, as ideologias, as paixões, a confusão da política pela universalidade das leis da natureza, seríamos também capazes de garantir um fundamento estável para a vida comum. Todos seríamos racionais, todos estaríamos unidos e de acordo. Finalmente, a política se fundaria na razão." É assim que um Modernizador pensa. Ainda que saiba que é difícil, ainda que para alcançar tal objetivo leve séculos, ele crê (é seguramente um "ele", e não "uma ela") que sempre será possível nos transportarmos para as qualidades primárias, abandonando de passagem as dificuldades das qualidades secundárias, esta velha construção. Este é o grito de quem acredita estar em um universo: "*Naturalizemos-nos!*".

Parece-me que todos sentimos o pavor de assistir ao *fim da natureza*. E, para começar, é possível que a natureza não se estenda por todas as partes (quero dizer, refiro-me à noção de

Natureza que assinalei a você antes, a Natureza com maiúscula). Gosto muito de contar a meus alunos esta maravilhosa anedota de Claude Lévi-Strauss.[2] Seguramente você já ouviu falar da controvérsia de Valladolid de 1550, que opunha o frei Bartolomé de Las Casas (1474-1566), defensor dos índios, a Juan Ginés de Sepúlveda (1490-1573), defensor da ortodoxia religiosa, no que concerne a decidir se os índios recém-descobertos tinham ou não uma alma que pudesse se salvar mediante o batismo. Mas você sabia que na costa oposta, do lado de Pernambuco ou da Costa Rica, exatamente na mesma época, os índios tentavam determinar se os espanhóis — que, para sua infelicidade, acabavam de descobrir — tinham *corpo*? Sim, corpo. E você sabe como fizeram para decidir? Afundavam os conquistadores prisioneiros em uma grande vasilha de água para ver se, uma vez afogados, apodreciam ou não... Se apodrecessem, não restavam dúvidas: significava que tinham um corpo. A questão de ter alma não era posta por eles: todos os seres do mundo têm alma, e uma alma com forma humana. Para eles esta posição é o padrão, de certa maneira, quer se trate de um tucano, de uma anta ou de um jaguar, quer se trate de uma palmeira ou do clã. O que diferencia esses seres não é, portanto, a alma, mas sim o corpo, que oferece a cada um uma *perspectiva* diferente; é daí que vem a palavra "perspectivismo" para

---

[2] O episódio contado por Lévi-Strauss se encontra em *Race et histoire*, Paris, Plon, 1955. Sobre o "perspectivismo", veja o livro de Eduardo Viveiros de Castro, *Métaphysiques cannibales*, Paris, PUF, 2009 [ed. bras.: *Metafísicas canibais*, São Paulo, Cosac Naify, 2015]. Sobre a definição de "naturalismo", veja, de Philippe Descola, *Leçon inaugurale au Collège de France: Chaire d'Anthropologie de la Nature*, Paris, Collège de France, 2001, e seu grande livro, técnico, mas capital, *Par-delà nature et culture*, Paris, Gallimard, 2005.

descrever esta posição. Esta visão apenas parece singular a nós, ocidentais, porque nos colocamos em outra posição-padrão: todos nós temos corpo — o tucano, a anta, o ser humano ou a palmeira —, e apenas alguns desses seres possuem alma, a saber, os seres humanos. Não sem certa ironia, Lévi-Strauss sublinha que, no fim das contas, os índios eram mais cientistas que os padres portugueses, visto que emprestavam seu método dos recursos argumentativos não apenas da Escritura, mas também das ciências naturais...

Você já deve ter percebido que seria um grande erro pensar que a natureza é um esquema universal (aliás, você certamente se livrará do clichê dos índios da Amazônia, segundo o qual eles estariam "mais perto da natureza"; de forma alguma: eles ignoram por completo a própria noção de natureza!). Como mostra Philippe Descola (não perca seus cursos, um dos poucos que sacode a poeira do velho Collège de France), do ponto de vista do antropólogo, o estranho, a raridade é, pelo contrário, o *naturalismo*. É verdade que, recentemente, foi difundido por todo o planeta, mas justamente por intermédio da modernização, da *ideia* ou — melhor ainda — das *instituições* da modernização. A natureza não é, como se poderia acreditar, escutando a quem quer "defendê-la" ou "protegê-la", um cantão da realidade (por oposição à cultura, ao pensamento ou aos valores), mas é, sim, uma certa maneira — historicamente datada em algum momento entre os séculos XVI e XVII, mas realizada no século XIX — de *ligar em conjunto* toda uma série de propriedades de *seres múltiplos*, garantindo-lhes uma *continuidade suplementar*, com frequência útil e às vezes supérflua. Se você pensar no que eu disse em minha quarta carta, isso não irá surpreendê-la, pois com a natureza acontece o mesmo que com a *res extensa*: é um pensamento, um esquema, um imaginário e também — veremos em seguida — uma *política* de extensão e de expansão.

Seria necessário dispormos de um termo que nos permitisse comparar em um mesmo plano as duas experiências, as duas controvérsias, a de Valladolid e a da Costa Rica, sem tomar partido de uma ou de outra (você já sabe agora todo o valor que atribuo em substituir o que parece oferecer uma explicação pelo que, ao contrário, convém explicar). A isso se deve o fato de ter pegado emprestado de James o termo *multiverso* (ou *pluriverso*) por oposição, evidentemente, a *universo*. Propus a você empregar essa palavra para *deixar aberta* a questão dos meios pelos quais se unifica ou *não se unifica* a diversidade do cosmos. Digo então que todos, coisas e pessoas, vivemos *no pluriverso* e que agora podemos descobrir maneiras diversas e frequentemente contraditórias de dar sua unidade ou *suas unidades* a esse pluriverso. Em vez de partir da ideia evidente de uma natureza unificada, o que vai se situar em primeiro plano é o *trabalho de unificação* realizado mediante o esquema da natureza (mas também mediante *muitos outros esquemas*). E aqui vai ser revelado até que ponto é útil o exercício de desenhar os cosmogramas. Graças a eles, em vez de utilizar a natureza como o fundo da tela sobre a qual se destacariam outros fenômenos — por exemplo, as culturas —, nós vamos observar *de quantas maneiras diferentes* pode *ser composto* o multiverso, que — como você imaginará — terá suas consequências quando tiver que abordar seriamente as crises ecológicas. Toda a política deste século depende desta pergunta: como poderíamos unificar lentamente o que o esquema da natureza unificou prematuramente?

O argumento é delicado, eu reconheço. Se dermos apenas um passo para o lado, recaímos em todos os clichês sobre a

Ciência desencantada, que "careceria de alma" porque "crê compreender tudo por causas mecânicas" e porque "reduziria" o humano, os valores, o espírito a "simples objetos". Você decerto compreendeu que não é isso que estou dizendo e, se insisto desde o início em empregar a expressão pouco habitual *humanidades científicas*, não é com a intenção de agregar um "suplemento de alma" a um mundo "natural" material e frio. Semelhante posição equivaleria a avaliar, sem mais, a bifurcação da natureza — "anzol, linha e rolha", como dizem os ingleses. Seria aceitar a distinção entre qualidades primárias e qualidades secundárias traçando uma espécie de pacto de Ialta entre todos aqueles que estão um tanto loucos: "Aos cientistas, o mundo natural; aos humanistas, o mundo dos valores". Isto não é de forma alguma o que proponho. Se é verdade que parece impossível crer, com Descartes, que nossa alma e nosso espírito residem na *res cogitans*, *é ainda mais verdadeiro no caso de nosso corpo* e do mundo que o rodeia. Como se manteriam? Como sobreviveriam na *res extensa*, esse meio *tão hostil a toda vida*?

Queria mostrar a você que é um erro crasso confundir a extensão da *res extensa* com as ciências, as verdadeiras. Em seu desenvolvimento, estas criaram para os seres do multiverso um habitat completamente diferente do que se conhece como "a visão científica do mundo". Ninguém compreendeu isso melhor que Darwin. Ninguém se opôs mais que ele à ideia de submergir todos os resultados dispersos dos seres vivos no único meio universal, anônimo e glacial da Natureza.

O verdadeiramente comovente do momento Darwin (em 2009 foi celebrado o bicentenário de seu nascimento) é medir a imensa, a abismal distância entre o esplendor de seus descobrimentos e o triste naturalismo ao qual sempre se quis reduzi-lo.³ O que, em realidade, foi considerado chocante em Darwin não é de maneira alguma que ele nos faça descender dos macacos, que tenha posto fim ao antropocentrismo ou que haja prescindido de um Deus criador. O que mais chocou é que ele houvesse prescindido da Natureza concebida como um meio universal e contínuo que daria sentido a todos os seres vivos, fazendo deles a simples *realização progressiva de uma lei de causalidade que seria superior a todos eles*. Não foram os padres que se escandalizaram, mas, antes, aqueles cientistas que confundiram o materialismo com o ideal da *res extensa*. Para Darwin, justamente, entre cada ser e o seguinte existe uma *descontinuidade* vertiginosa, que supõe, em cada geração, uma invenção única e singular, como se a consequência sempre transbordasse um pouco à causa. E você poderá observar que não há nada a ser feito: cento e cinquenta anos após o surgimento de seu livro, ainda existe a vontade de fazer o pobre Darwin entrar na enorme e falsa disputa da Criação contra a Natureza,

---

[3] O melhor continua sendo ler diretamente um dos livros de Darwin; por exemplo, a excelente edição de bolso de *L'origine des espèces: au moyen de la sélection naturelle ou la préservation des races favorisées dans la lutte pour la vie*, Paris, Flammarion, 2008 [ed. bras.: *A origem das espécies*, Belo Horizonte, Itatiaia, 1985]. Para se opor ao irritante costume de simplificar a complexidade da evolução, pode-se ler a clássica obra de Stephen Jay Gould, *La vie est belle*, Paris, Seuil, 1991 [ed. bras.: *Vida maravilhosa*, São Paulo, Companhia das Letras, 1990]. Veja também a notável teatralização no filme de Denis Van Waerebeke, *Espèces d'espèces*, disponível em DVD, LCJ, 2009. De maneira mais geral, sobre o desajuste entre reducionismo oficial e biologia prática, podem ser consultados os livros de acesso relativamente fácil de Evelyn Fox Keller, *Le rôle des métaphores dans les progrès de la biologie*, Paris, La Découverte/Les Empêcheurs de Penser en Rond, 1999, e *Le siècle du gène* (traduzido por Stéphane Schmitt), Paris, Gallimard, 2003 [ed. bras.: *O século do gene*, Belo Horizonte, Crisálida, 2002].

do Deus criador contra o Relojoeiro cego, duas formas perfeitamente substituíveis de um sentido *exterior* aos seres vivos.

Ora, isso não é o que Darwin realmente descobriu. O que ele descobriu é muito mais interessante e radical: nenhuma lei, nem na frente nem atrás, nem acima nem abaixo, conduz, por exemplo, uma população de cavalos selvagens em direção à população seguinte, supostamente mais evoluída. O que deve ser considerado é cada cavalo por si próprio, em seu risco e sua oportunidade única de continuar ou de desaparecer. Não há nenhuma *Ideia* de Cavalo que conduza esta história. Esta história *não vai a lugar algum*, e isso é o que perturba os sacerdotes de todas as religiões, entre elas as seitas acadêmicas. Nenhuma Providência a guia, tampouco essa Providência laica que se chama Ótimo, a Sobrevivência do mais apto. Nenhuma Criação, naturalmente, mas tampouco Sentido algum. Com Darwin, Deus perdeu, sem dúvida, mas a Natureza também. Assim como não há mais Natureza, não há mais éter. É cada um por si. Descontinuidade surpreendente que nenhuma unificação arbitrária pode pretender encobrir de modo prematuro, nem sequer a do Sopro Vital ou do Jogo Estrito dos Constrangimentos Materiais. Darwin é o "santo padroeiro" do multiverso; devemos a cada dia meditar sobre o seu pensamento porque ele escapa absolutamente do reducionismo da *res extensa*. Já disse a você: para sobreviver, os seres vivos necessitam de um *meio* completamente diferente da Natureza com N maiúsculo.

E talvez este seja um momento adequado para falar do *meio ambiente*, desse *Umwelt* (como pode ver, aventuro-me com o alemão!).[4] Essa palavra tão importante na política de

---

[4] O livro de Jacob von Uexküll, *Mondes animaux et monde humain: théorie de la signification*, Paris, Gonthier, 1965, é tão curto quanto decisivo. O ani-

hoje foi cunhada por um pensador totalmente original, Jakob von Uexküll (1864-1944), que influenciou tanto Martin Heidegger, Gilles Deleuze e Peter Sloterdijk quanto uma significativa tradição de etólogos. Na superfície, Von Uexküll não é de modo algum darwiniano. Mas os dois grandes naturalistas têm em comum que nenhum deles tentou fazer os seres que estudavam repousar em uma *continuidade artificial* que de antemão os explicaria a todos segundo uma simples transferência de causas e consequências. Ambos insistem em sinalizar as mil descontinuidades que separam uma causa de suas consequências, um ascendente de seus descendentes, um animal de seus vizinhos ou, para generalizar, um antecedente de seus consequentes. Em Darwin, o que permite a adaptação e a transformação dos seres vivos é a pequena invenção singular, sem que haja sentido superior algum que os guie. Em Von Uexküll, é a ideia de *Umwelt*, por oposição ao "ambiente": noção abstrata, inventada por pura comodidade pelos humanos para designar esse envoltório universal que supostamente circunda todos os seres vivos. Para ele, pelo contrário, é como se *cada animal* — o caracol, o carrapato, a gralha, o cachorro e, evidentemente, o homem — criasse em torno de si uma espécie de bolha, que extrairia do ambiente certo número de sinais pertinentes, sinais que bem podem ser chamados de *subjetivos*, se por isso entendemos que na natureza viva não há — falando com propriedade — objetos, mas apenas, como disse Von Uexküll,

---

mal mudou muito desde que saiu da *res extensa*: veja uma síntese bastante acessível de suas novas capacidades no livro de Vinciane Despret, *Quand le loup habitera avec l'agneau*, Paris, La Découverte/Les Empêcheurs de Penser en Rond, 2002, assim como o catálogo da exposição *Bêtes et hommes*, organizado por Vinciane Despret, Paris, Gallimard, 2007.

"portadores de significação". E, contudo, são sinais bem objetivos no sentido de que é nesse mundo que o animal reside. O carrapato é menos articulado do que o cachorro ou o ser humano — não captura no total mais que quatro valores no infinito das percepções —, mas nem por isso deixa de produzir seu ponto de vista, um mundo de significações, ou seja, um *Umwelt* próprio ao carrapato (estou preparando um excelente filme sobre ele, não deixe de ver). Por mais pobre que seja (para nós) o mundo do carrapato, é um mundo tão articulado quanto o nosso ou o do elefante.

Isso quer dizer que podemos perfeitamente escapar da sempiterna oposição entre o subjetivo e o objetivo. Quando Von Uexküll diz que no mundo vivo só há sujeitos e que estes estabelecem entre si relações de significação (e não de causalidade), não se opõe de nenhum modo ao materialismo, à experimentação. Não veja nisto nenhum apelo *new age* a uma sabedoria que seria superior à antiga ciência, demasiado fria, demasiado objetiva, demasiado desencantada. Von Uexküll não tem necessidade alguma de agregar a subjetividade de todos os seres vivos — incluindo o carrapato! — à "estrita objetividade" da "verdadeira ciência positiva". Não; apenas nos pede que nos inclinemos sobre o absurdo de produzir um espaço comum a *todos* os seres vivos, que teria a extraordinária propriedade de estar ele próprio *desprovido* de toda significação, isto que nós chamaríamos de "natureza".

Sempre se deve levar as metáforas a sério, ainda que tenham o aspecto de uma sólida abstração: quando se fala em "visão científica do mundo", de que ser gigante, de que olho seria semelhante *visão*? Sim. A bolha, o ambiente vivido, o *Umwelt* de qual ser vivo seria o espaço da *res extensa*? Resposta: esse ser vivo não existe nem nunca existiu. É uma criação mítica do século XIX. Até o demônio de Laplace, você sabe, esse calculador onisciente capaz de deduzir todas as consequências a partir de uma só causa, continua sendo um ser por inteiro especulativo. Von Uexküll escreve com toda a tranquilidade: "Se nos atemos à ficção de um espaço universalmente englobante, isso se deve, simplesmente, ao fato de que tal convenção nos facilita a comunicação". Você se dará conta do aspecto radical de semelhante conclusão: para ele, não há meta, supra, super *Umwelt* capaz de englobar de uma só vez *todos os seres vivos*. "Não há espaço independente dos sujeitos." E, portanto, nenhuma *res extensa*. Será necessário escolher entre o espaço sonhado e o entrecruzamento real dos *Umwelt*. Ou antes: não será necessário escolher, mas sim acolher ambos no multiverso. Dito de outra maneira, o universo está *incluído* no multiverso como um caso particular e, logo, como uma curiosidade histórica, como uma forma passada de política ou, mais precisamente, de epistemologia política.

O perigo seria crer que empreendo aqui um ataque contra a "explicação mecanicista" do mundo, transformada — graças à grande narrativa que estamos começando a conhecer bem — na "simples extensão do enfoque racional". Ou crer que lamento, como tantos outros, o reducionismo das ciências, como se a grande narrativa alternativa, a da implicação e da correlação, convidasse a "superar" as ciências positivas e ir "além". É exatamente o contrário e eu já mostrei isso a você várias vezes: nesta segunda grande narrativa, pedimos às ciências que mergulhem em seu *verdadeiro meio*, no único *Umwelt* em que podem perdurar fecundas. Não há nenhuma necessidade de superar as ciências, nem sequer de "reencantá-las"; basta que elas levem em conta o que na verdade fazem e deixem de dissimular tolamente, como se a dissimulação fosse o seu dever.

Quem, por exemplo, poderia levar a sério a ideia de *mecanismo* que as ciências se gabam por impor em todas as partes e que os humanistas de todos os tipos lhes recriminam ferozmente por havê-la estendido sem nenhum discernimento? É preciso desconfiar quase tanto da ideia de materialismo quanto da de naturalismo ou da de reducionismo. Nos três casos, transforma-se um desejo de realidade em algo completamente irrealista. São três pecados que nenhum espírito científico, que nenhum profissional de avental branco jamais cometeria, exceto, talvez, em sonho. Poderá soar um pouco estranho para você, reconheço, mas para "terminar com a Natureza" — sempre com maiúscula — temos que chegar até o fim do argumento.

Quando Descartes fala do "animal-máquina", ele certamente maltrata o animal (por mais diferentes que fossem, Darwin e Von Uexküll coincidiriam nisto e o demonstrariam de bom grado), mas *também* maltrata as máquinas. Aprendemos, ao penetrar no labirinto das técnicas, que nada menos mecânico, nada menos reduzível a uma única *res extensa* que um guincho, uma roldana, um reator de avião ou uma usina nuclear. Não se confundiria o desenho técnico — o desenho em papel, na tela do computador ou no projeto do arquiteto — com a própria coisa desenhada. Às vezes imagino que o entusiasmo de Descartes pela ideia de *res extensa* surgiu da beleza singular das lâminas, sem dúvida admiráveis de qualquer ponto de vista, que permitiram finalmente, no século XVII, graças à gravura e à projeção em perspectiva, projetar máquinas e compreender como as diferentes partes podiam se deslocar sem se transformar no espaço isótropo da folha branca — e hoje, no espaço virtual de três dimensões das telas dos computadores, que obedece às mesmas regras de projeção das de Gaspard

Monge (1746-1818), das quais pouco difere. Monge, meu compatriota, nascido, como eu, em Beaune, Borgonha (assim como Étienne-Jules Marey [1830-1904], grande inventor de instrumentos de fisiologia, prova, ademais, que os borgonheses fazem algumas outras coisas além de grandes vinhos...).

Você imagina a confusão que poderia embargá-la se você começasse a se deslocar mentalmente — ou, melhor ainda, de um modo visual — pelo espaço do desenho técnico?[5] (Figura 6.1) Sem dúvida, você terminaria acreditando que esse é o meio em que as próprias máquinas — uma vez concebidas e projetadas pelo engenheiro, montadas pelo operário, fundidas peça por peça nos moldes, recortadas, engastadas, afinadas, validadas depois pelo correspondente escritório de estudo, supervisionadas, mantidas pelo pessoal da manutenção — continuam existindo. No desenho técnico, na página em branco ou na tela, as máquinas parecem deslocar-se, projetar-se, sem perder nenhuma de suas relações, sem experimentar nenhuma transformação, sem ter necessidade da intervenção de nenhum ser humano, de nenhuma padronização ou regulamentação. E, contudo, fora desse espaço, para poder funcionar de um modo duradouro, as máquinas terão necessidade de contar com

---

[5] Infelizmente não há ninguém equivalente a um Von Uexküll para descrever a existência vívida das máquinas. Sempre estamos lidando com a tecnofilia e a tecnofobia. O melhor é recorrer à história das técnicas, para a qual o livro de Bruno Jacomy, *Une histoire des techniques*, Paris, Seuil, 1990, continua sendo útil, bem como visitar um dos museus mais belos de Paris, o de Artes e Ofícios. Sobre a sociologia das técnicas, veja as obras indicadas na segunda carta. Sobre o assombroso contraste entre o objeto técnico pensado pela tradição e o revelado pelo acidente, pode-se ler o apaixonante livro de Diane Vaughan, já citado, que trata do acidente da nave espacial que precedeu o drama da Columbia (*The Challenger Launch Decision*).

um meio ativo, vivo, complexo, com toda uma ecologia frágil. Também neste caso, as incessantes descontinuidades da prática aparecem dissimuladas sob uma continuidade que apenas existe no pensamento (eu deveria dizer: no *imaginário* de um pensamento, que se tornou artificialmente contínuo, pois nada é menos contínuo que o *cogito* agitado por todos os sobressaltos da existência, pelo sonho, pela falta de atenção, pelo hábito — sem esquecer a fúria e o desejo...). Para montar qualquer máquina, é necessário manter agregado todo um multiverso.

Figura 6.1
Gaspard Monge, *Traité élémentaire de statique à l'usage des écoles de la Marine* (3ª ed.), Paris, Obéliane, 1798, prancha 7.

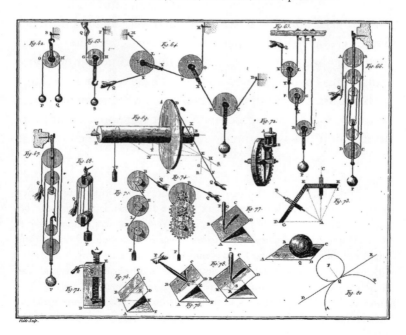

Figura 6.2
O *space shuttle* Columbia antes da decolagem
e o hangar do Kennedy Center, em Cabo Canaveral, Flórida,
com os destroços da nave recolhidos após sua explosão
em 1º de fevereiro de 2003 (© NASA/Getty Images).

Sexta carta

E sabemos com que velocidade esses componentes variados podem se dispersar como um voo de pardais em cada pequena oportunidade. Se você não acredita, percorra os parques industriais de Lorraine, ou os que se estendem ao longo do Ruhr. Basta ocorrer uma falha, uma greve, um acidente, um deslocamento, e o que parecia um simples *objeto* se transforma em uma *questão*. Creio que era a isso que Heidegger se referia ao distinguir a passagem do *Gegenstand* ao *Ding*, do objeto à *coisa*. Pensei muito sobre a tão dolorosa transformação entre a nave espacial Columbia antes de sua partida, em fevereiro de 2003 — belo objeto autônomo cuja decolagem interessa a bem pouca gente —, e a mesma nave, após sua explosão, convertida em uma chuva de fragmentos dispersos, de *membra disjecta*, que os pesquisadores colecionam ao longo de todo o sul dos Estados Unidos para reunir, finalmente, em um grande salão, com o propósito de descobrir a causa da imprevista explosão (Figura 6.2). Antes, era um objeto técnico, um *Gegenstand*; depois, uma questão sociotécnica, uma montagem, um quebra-cabeça, *ein Ding*. Antes, a nave apenas circulava no céu, aquele da *res extensa*; depois, nos demos conta de que ela residia em, circulava ao longo de, dependia da *instituição* NASA.

Mas, evidentemente, trata-se de uma ilusão retrospectiva, pois as naves que não sofrem nenhum acidente e que retornam à Terra perfeitamente salvas também são montagens sociotécnicas frágeis. Elas também viajam *através* de suas instituições. Elas também são conjuntos sólidos apenas porque são montagens frágeis. Você percebe o problema? *Onde*, em qual espaço, Descartes colocaria uma nave espacial que circula *com* sua NASA *no* céu? Coisa verdadeiramente surpreendente para aqueles que creem terem inventado o universo infinito: *elas não têm lugar*! Não têm suficiente espaço para ordenar nele seus próprios descobrimentos. Tudo está ali. Toda a história moderna se explica em virtude desta bizarria: inventamos uma ciência material que não encontra lugar para instalar seus próprios materiais. Talvez no cosmos antigo as pessoas se sentissem um pouco apertadas, mas no universo infinito também estamos sufocados. Deem-nos ar! Deem-nos o multiverso!

E não acredite você que é possível se deter nos seres vivos ou nos dispositivos técnicos. Isso continua com os objetos inertes. Lamento que você não tenha podido assistir ao curso sobre Einstein. Eu a teria feito ver que esta inversão nas maneiras de deslocar uma coisa sem que esta experimente alguma transformação é precisamente contra o que Einstein luta e que chama de *éter*.[6] O que é a *relatividade* senão o esforço para restituir entre cada ponto e o seguinte a pequena descontinuidade que permitirá literalmente *ajustar os pêndulos* e garantir assim, no fim das contas, a continuidade das leis da natureza em todos os pontos? Também aí, o contínuo se obtém: sim, mas

---

[6] A respeito de Einstein, o mais conveniente é, como sempre, ler diretamente o texto que ele escreveu sobre a relatividade (Albert Einstein, *La relativité: la théorie de la relativité restreinte et générale*, Paris, Payot, 1956 [ed. bras.: *A teoria da relatividade especial e geral*, Rio de Janeiro, Contraponto, 1999]), mais fácil de acompanhar que a maior parte dos esforços de vulgarização. Muito mais erudito, o debate entre Bergson e Einstein acaba de ganhar uma edição crítica muito útil: Henri Bergson, *Durée et simultanéité: à propos de la théorie d'Einstein* (com um documento crítico de Elie During), Paris, PUF, 2009 [ed. bras.: *Duração e simultaneidade: a propósito da teoria de Einstein*, São Paulo, Martins Fontes, 2006]. Sobre uma notável encarnação de Einstein na ecologia de sua época, veja, de Peter Galison, *L'empire du temps: les horloges d'Einstein et les cartes de Poincaré* (tradução de Bella Armand), Paris, Robert Laffont, 2005. Sobre uma análise excelente dos artigos de 1905, veja, de John S. Rigden, *Einstein 1905: The Standard of Greatness*, Cambridge, Massachusetts, Cambridge University Press, 2005.

com a condição de levar em conta a descontinuidade — neste caso, a do tempo —, muito real, que faz com que o sinal passe de um ponto a outro, e o trabalho, igualmente real, pelo qual um observador mede o tempo pela sobreposição do ponteiro curto e do ponteiro longo do relógio. Os físicos anteriores a Einstein haviam facilitado um pouquinho a tarefa, imaginando um referencial fixo que devia assegurar, de acordo com o que acreditavam, o caráter comparável de todos os lugares. Não se davam conta de que iam multiplicar as distorções ao ponto de perder toda possibilidade de fazer com que as leis da natureza fossem similares em todos os pontos. Todos estão imersos em um éter de propriedades contraditórias: infinitamente elástico e, ao mesmo tempo, infinitamente resistente. Aqueles físicos se proporcionavam uma continuidade artificial, que Einstein rompeu quando reintroduziu a necessidade de um cálculo que, aliás, se chama — para que a ninguém escape o argumento — as "*transformações* de Lorentz". A continuidade é restabelecida, mas depois de ter absorvido uma nova fonte de descontinuidade. O éter subitamente se desvanece. E ainda que de imediato se tenha empreendido a tarefa de apagar uma vez mais o físico, o seu trabalho e os seus cálculos, o mundo da relatividade nunca mais será o mesmo, pois a partir de então deverão ser incluídos de modo obrigatório os marcos de referência. Já não será mais possível apagar a relatividade da construção do mundo, ou seja, a obrigação de estabelecer percursos, instrumentos, sucessões de sinais, a fim de poder assentar, garantir, manter a semelhança das leis da natureza em todos os pontos. Se a física é tão bela, se seus resultados são tão impressionantes e sua história tão cheia de desenvolvimentos surpreendentes, é exatamente porque nela é possível constantemente escapar à estrita materialidade sonhada pelo continuísmo fanático, esse "romance da matéria" cujo autor mais genial continua sendo Descartes.

E ainda não falei a você sobre o Einstein revisado, corrigido, ampliado, restituído e, sobretudo, *ressituado* por Peter Galison. Belo exemplo da inversão da inversão sobre a qual falava a você há pouco. Enquanto, com excessiva frequência, se pinta Einstein como o pensador desencarnado por excelência, ignorante — como Arquimedes — de toda a consideração prática e que não se interessa (menciono Plutarco novamente) por nada além dos objetos "nos quais a demonstração rivaliza com o sujeito quando este proporciona a grandeza e a beleza e aquela, uma exatidão e um poder sobrenaturais", Galison, por outro lado, muito tranquilamente, volta a submergi-lo em plena revolução dos trens e dos telégrafos, ocupado em Berna, no escritório de patentes, fazendo o quê? Ora, avaliando a originalidade de uma multiplicidade de patentes para uma multidão de máquinas de calibrar, regular o ritmo, padronizar os relógios. Este é o mundo das humanidades científicas! E, acredite em mim, esta descrição, enfim materialista, do "pai da relatividade" não deixa nada a dever de seu gênio ao Einstein do escritório de patentes em Berna, pois, pelo contrário, começa-se a compreender — aliás, basta ler seus artigos do milagroso ano de 1905 — até que ponto são necessárias as considerações práticas, se se deseja garantir a comensurabilidade de todos os marcos de referência do universo. Se as máquinas bem *reais* que Einstein examinava em Berna e as máquinas *ideais* que reconstitui no pensamento são tão complexas, isso justamente se deve ao fato de que a continuidade do mundo *não é dada* de antemão. A unidade é obtida pouco a pouco, é necessário *compô-la*.

Não creia que existe primeiro a física e que em seguida haveria preocupação — se sobrasse tempo livre, se se é um filósofo, humanista ou moralista — pela metafísica. A metafísica *está na* física desde o princípio, como o fermento na massa. Por falta de espaço, tenho que resistir à tentação de resumir para você o belo curso que pedi para Simon Schaffer preparar para meus alunos. Em um desenvolvimento surpreendente, Schaffer lhes mostrou todo o sistema de informações confiáveis de que Newton necessitava para escrever esse monumento aparentemente isolado que são seus *Principia mathematica*.[7] Schaffer mostra que Newton, o grande Newton em carne e osso, havia tido que refletir longamente sobre os anjos, a fim de descobrir por qual intermédio poderia ser possível transportar de um corpo a outro corpo, bastante distante, a força gravitacional que acabava de descobrir e de tornar calculável. Não, Newton não acreditava na ação à distância mais que os cartesianos. Precisava de um transportador instantâneo e imaterial. Procura por todos os lados um veículo capaz de semelhante proeza. Ninguém lhe oferece seus serviços, a não ser o anjo de sua interpretação do cristianismo (que, aliás, cheira certamente a heresia...). Que se vá então aos anjos! Mas com a condição de escavar a teologia e redigir milhares de páginas de uma disciplina erudita cuja existência provavelmente você desconhece e que tem o belo nome de *angeologia*... Logo a seguir, os anjos irão perdendo pouco a pouco suas asas, que se tornarão forças, de maneira que os anjos mensageiros do Deus de Newton continuam permanecendo obscuramente até nos cálculos do físico universal. (Era muito agradável ver jovens de 18 anos confrontando-se com anjos portadores de pesos redescobertos em

---

[7] Sobre esta conferência, veja o artigo de Simon Schaffer, *The Information Order of Isaac Newton's Principia Mathematica*, Uppsala, Salvia Smasskrifter, 2008.

Newton por um dos maiores historiadores das ciências, ainda que, devo dizer, eles se atordoassem um pouco.)

Se tivéssemos tempo de filosofar um pouco mais, eu mostraria a você que a confusão entre a união e a desunião da física sempre procede de uma inversão das relações entre os dois termos *deslocamento* e *transformação*. Ou da pequena operação pela qual se transforma a *tradução* — se você compreendeu bem este conceito — em um simples transporte sem *transformação*. No meio real, vivo, vivido das ciências, apenas podem ser obtidos deslocamentos pagando o preço de uma série — com frequência vertiginosa e dolorosa — de transformações: lembre-se da cascata de inscrições nos artigos ou da sucessão das provas às quais são submetidas as testemunhas dos laboratórios. Não há *in*formação sem *trans*formação. Mas, no fim — resultado verdadeiramente comovente —, é possível, partindo de um centro de pesquisas qualquer, falar de fenômenos infinitamente distantes tendo garantido entre o primeiro lugar e o segundo um caminho (des)contínuo no qual cada etapa transfere uma informação *ao preço de* uma transformação. De Pasadena, desloca-se um robô para Marte; dentro de uma capela de exaustão de baixa pressão do Instituto Pasteur, manipula-se o comportamento de vírus até então invisíveis; por meio de uma equação, obtém-se a modelagem de todo o clima, e assim sucessivamente. A parte vale pelo todo. Metonímias tão variadas e tão belas quanto todas as literaturas.

Apenas a partir do momento em que se tenha assegurado o acesso ao distante (ao infinitamente pequeno, ao infinitamente grande, ao infinitamente complexo, ao infinitamente perigoso), as ciências experimentarão a mesma transformação que descobrimos seguindo as voltas e os desvios das técnicas. Esqueceremos as transformações necessárias para a transferência de informação e faremos como se a informação circulasse sem nenhum esforço — sem gasto de energia, sem custo, sem organização — desde a coisa conhecida até a mente que conhece. A tradução já não traduz; apenas transfere, traslada, transporta. Em vez de obter o contínuo a partir do descontínuo, tem-se a impressão de ter descoberto, enfim, o que se pode deslocar *sem sofrer mais* transformação alguma. É como se o conhecimento se deslocasse no mundo sem perda, sem esforço, sem laboratório. Em breve, nesta fantasmagoria, *o próprio mundo irá se tornar conhecimento* — e conhecimento unificado: nesse momento, o multiverso irá se tornar universo. Você se lembra do pedaço de cera? Uma vez fundido é completamente diáfano, virginal, é todo geometria e cálculo. O conhecimento, em vez de continuar sendo o acesso ao mundo que se quer articular por meio dos laboratórios, passa a ser o *material* (fantasiado) *com o qual* o mundo seria feito. O mundo já não é feito de matéria, mas, sim, de saber. Que espantosa inversão! Que irrealismo, sobretudo! Já não há nada no mundo que não seja a *res extensa* da *res cogitans*. *O mundo real e material se transformou no devaneio do pensamento*. E, o mais terrível, todo o trabalho das ciências se encontra agora sem defesa contra os assaltos do ceticismo que este devanear — felizmente — não poderia satisfazer. Pior ainda: o desencantamento vai aumentar; as pessoas vão começar a odiar as ciências. Você compreende por que é necessário defendê-las de forma tão obstinada, até mesmo de si próprias?

Eu sei. Estou indo um pouco rápido de Darwin a Einstein ou a Newton. Acontece que meu argumento é muito simples e se refere apenas a esta questão-chave da descontinuidade: se até a física pode prescindir do éter, não vale a pena continuar acreditando na *res extensa*. O mundo não é feito disso, não é feito "de" conhecimento, e muito menos de conhecimento unificado. *Podemos conhecê-lo*, o que não é de nenhuma maneira a mesma coisa. Os fragmentos de conhecimento dessa forma obtidos podem ir se compondo pouco a pouco. E, além disso, esse conhecimento é possível, durável e cumulativo com a condição única de se restituir às ciências o verdadeiro ambiente que as torna possíveis: a Darwin, deve-se fazê-lo subir de novo em seu barco, o *Beagle*, com o qual fez sua famosa viagem; a Einstein, deve-se reinstalá-lo em Berna, em seu escritório de patentes; a Newton, deve-se voltar a vê-lo enchendo páginas e páginas a respeito do poder de deslocamento dos anjos da Bíblia. E não se deve esquecer de reposicionar Arquimedes nas muralhas de Siracusa, e John Harrison, nos navios da Marinha Real Britânica. Em suma, é necessário tornar a encontrar todos os caminhos de transformação que permitem ter acesso ao distante. Não é estranho que os três grandes termos que pretendem definir as ciências — reducionismo, naturalismo, mecanicismo — sejam incapazes de fazer justiça às máquinas, aos corpos, às matérias? E fazer justiça diz respeito tanto a louvar suas virtudes quanto a censurar seus vícios.

Você compreenderá por que, se é necessário desconfiar do reducionismo, evidentemente, também se deve desconfiar do antirreducionismo. Este com frequência é pior, porque atribui às ciências pecados que seriam incapazes de cometer. Quando se diz que a Ciência com maiúscula nunca compreenderá a consciência, é preciso advertir que, neste caso, a Ciência tampouco compreende uma reação química, o desenvolvimento de um embrião, a elevação de uma montanha ou o funcionamento do reator de um avião. Ou, mais precisamente, quando se diz que os "compreende", quer-se simplesmente afirmar que submergiram todas as amostras isoladas e múltiplas *das ciências* — com minúscula e no plural — em uma Natureza cuja extensão e universalidade foram construídas de saída, sem precaução e sem exame. Por conseguinte, não se deve dizer que os cientistas cometeriam um erro sendo mecanicistas, materialistas ou naturalistas. Pelo contrário, deve-se *desejar de todo o coração que finalmente venham a ser*. Que abandonem esses três idealismos impossíveis que não podem se realizar em parte alguma, a não ser na utopia da *res extensa*, e que *voltem, literalmente, a colocar os pés na Terra*. Que deixem o éter para trás. Que passem, enfim, do universo ao multiverso, ao seu próprio, ao nosso, ao de hoje, e não ao de ontem. (Quer que eu confesse a você qual é o desejo secreto que me levou a dar este curso de humanidades científicas a alunos que acreditam ter abandonado as ciências? Voltar a dar-lhes uma vocação que seja, enfim, a que merecem os saberes positivos.)

Podemos voltar a pôr os pés na Terra? Na realidade, esta é a pergunta que você me fez no início, não? É impossível encontrar um meio-termo educado e simpático entre as duas grandes narrativas cuja oposição esbocei — exageradamente — nestas cartas. A grande narrativa da emancipação e da modernização supõe a extensão progressiva da natureza, cujas leis universais substituiriam pouco a pouco a diversidade das crenças subjetivas; a outra grande narrativa, que chamei "de correlação e de implicação", supõe, por sua vez, o desaparecimento progressivo da distinção entre o mundo dos sujeitos e o dos objetos, o emaranhamento cada vez maior entre o governo dos homens e o governo das coisas. No primeiro, a Natureza advém, enfim, com o reinado da Razão; no segundo, a natureza desaparece, enfim, ao mesmo tempo que o devaneio de um reinado da Razão. Sou plenamente consciente de que se hoje falo de humanidades científicas, é porque a Natureza nos está falhando e porque nos damos conta, cada dia com maior clareza, que passamos de novo do infinito ao finito, ou, melhor ainda, do infinito ao múltiplo, ao complicado, ao implicado.

Quando se celebrava, sempre nesse estranho ano de 2009, o quadragésimo aniversário da alunissagem da missão Apollo, me surpreendeu imensamente que ninguém mais imaginasse que esse acontecimento havia marcado o primeiro passo de uma aventura que teria continuado desde então. Mas nada a ver, desse ponto de vista, com o que ocorreu em relação ao avião de Louis Blériot (1872-1936), que atravessou pela primeira vez o Canal da Mancha e cujo centenário se celebrava justamente nesse mesmo momento. Em cem anos, havia-se passado daquela pipa motorizada ao Airbus. Contudo, quarenta anos depois daquele pouso na Lua, as naves espaciais de primeira geração da NASA não são mais apresentadas para nós, de modo algum, como precursoras da vida no espaço — tal como sonhávamos então, quando eu era menino —, mas como emocionantes proezas que não há como prolongar. Isto se parece um pouco com o caso do Concorde, cuja silhueta modernista parece tão fora de moda sobre as pistas anexas do aeroporto de Roissy. Você também sentiu isso? É como se a distinção entre o mundo supralunar e o mundo sublunar — que supostamente a "revolução científica" havia abolido para empregar nesse lugar seu universo infinito — houvesse *regressado* pouco a pouco, como se novamente a vida na Terra houvesse se tornado frágil e corruptível, impossível de estender por todas as partes — muito diferente, em todo caso, do universo hostil da *res extensa*.

Estaremos assistindo a uma inversão na passagem do tempo? Se me senti deslumbrado pelo livro magistral de Lucien Febvre sobre o mundo de Rabelais, creio que foi porque esse mundo se parece cada dia mais com o nosso.[8] Febvre utiliza o adjetivo "gigantal" para designar as doutrinas eruditas de Gargântua e Pantagruel. A palavra me parece admirável. Se nos sentimos tão próximos do século XVI, é porque já existiam então todos os ingredientes das ciências ulteriores, com exceção do da natureza unificada — mas é justamente esta natureza unificada que está desaparecendo diante de nossos olhos! Os resultados das ciências ainda estavam dispersos, ainda sob controvérsias e disputas. Ninguém havia ainda imaginado esse gigante capaz de ter o universo como seu *Umwelt*. A natureza não havia se bifurcado ainda em qualidades primeiras e qualidades segundas. As pessoas ainda não se encantavam com o desencanto que haveriam de trazer consigo as ciências. E, sobretudo, não esperavam obter o acordo indiscutível pela via de uma Natureza em si própria completamente coberta de fatos indiscutíveis. Pelo contrário, isto era debatido com firmeza e por todas as partes. Ainda não havia sido imaginada esta solução calamitosa de resolver as crises políticas passando pelo ideal de uma Natureza prematuramente unificada. É verdade que ainda não havia sido medido todo o horror das guerras de religião do qual seria muito necessário encontrar o modo de se afastar. Diante dos crimes cometidos em nome da religião, compreende-se que a inverossimilhança da *res extensa* tenha parecido um preço razoável que convinha pagar se o ganho que

---

[8] Lucien Febvre, *Le problème de l'incroyance au XVIe siècle: la religion de Rabelais*, Paris, Albin Michel, 2003 [ed. bras.: *O problema da incredulidade no século XVI: a religião de Rabelais*, São Paulo, Companhia das Letras, 2009]; Stephen Toulmin, *Cosmopolis: The Hidden Agenda of Modernity*, cit.

oferecia era o acordo — enfim, indiscutível — dos espíritos. Platão já havia recorrido a esta solução.

Mas, quatrocentos anos mais tarde, redescobrimos a dispersão, a fragmentação, a multiplicidade dos mundos. De acordo com a palavra da mitologia: "O Grande Pã está morto". O apelo à Natureza já não é suficiente, de modo algum, para obter o acordo. A partir de agora, para obter a unificação — oferecida demasiadamente rápido pela estranha ideia de seguir, de salvar ou de defender a Natureza —, será necessário lutar resultado por resultado, laboratório por laboratório, efeito por efeito. É evidente que nunca retornaremos ao século XVI, felizmente, mas me parece que não sou o único a experimentar o estranho sentimento de se encontrar no fim de um longo parêntese cujo começo foi vivido pelas testemunhas daquela época. O século XVI foi objeto frequente de gozação por se tratar de um século cheio de monstros, de maravilhas e de excentricidades. Parece-me que o nosso também produz muitas estranhezas e que os imbróglios sociopolíticos que anotamos cotidianamente em nossos diários de bordo formam uns bonitos gabinetes de curiosidades. Os bestiários atuais, com seus animais fechados em uma trama de relações políticas às vezes bastante vivas, não deixam nada a desejar, me parece, em relação aos bestiários do Renascimento, com suas redes de correspondências e analogias. Se o livro de Koyré devesse ser reescrito hoje, não deveria dizer *Do mundo finito ao universo infinito*, mas sim algo como *Do universo infinito aos multiversos complicados*. E se acreditamos em nossos diários de bordo, estamos muito distantes de simplificar a questão. E não estou pensando apenas no *climategate* ou no fiasco de Copenhague que tanto nos ocupou este ano. Com efeito, todas as questões da natureza hoje se transformaram em questões controvertidas.

Sinto um pouco de vergonha de dizer isso, mas no filme *Avatar*, de Cameron, encontrei uma metáfora bastante potente desta inversão da relação de forças entre o universo e os novos cosmos. A penúltima cena, em que vemos os paramilitares da frente pioneira da modernização derrotados, desfeitos, prisioneiros, obrigados a voltar para sua terra e a abandonar para sempre o planeta Pandora e suas esperanças, me comoveu, eu confesso. Fim da fronteira infinita. É preciso começar tudo de novo. Eu não quero que os terrestres tenham esse destino, como se tampouco eles já tivessem um planeta. De certo modo, assistimos ao grande retorno das coisas, das questões, das disputas, a essa casuística generalizada que faz de todos os antigos assuntos "naturais" arenas de conflito para cuja resolução devemos encontrar meios sem recorrer a nenhum atalho. E, consequentemente, assistimos também ao retorno da política, que o gosto excessivo pela noção de Natureza havia de alguma maneira expulso. O acordo que obtinha o universo sem que lhe fosse oposta resistência alguma, de agora em diante deverá ser *composto*.

Na realidade, não há nisto nada de tão novo, visto que, de fato, os políticos sempre se preocuparam com o cosmos. Ao contrário, estranha é a distinção entre Natureza e Política, e que apenas se manteve — e bastante torpemente, aliás — durante um curto parêntese, que vai de meados do século XVII a meados do século XX. Para comprová-lo, basta olhar o célebre afresco de "o Bom e o Mau Governo" no esplêndido Palácio Comunal de Siena,[9] em que o pintor Ambrogio Lorenzetti re-

---

[9] O célebre afresco foi analisado detalhadamente por Quentin Skinner em *L'artiste en philosophe politique: Ambrogio Lorenzetti et Le Bon Gouvernment*

sumiu com clareza toda a filosofia política e moral da Alta Idade Média. É possível perceber facilmente que o mural é em realidade ecológico, ou, melhor dizendo, é uma obra ecopolítica de vanguarda. O cosmos do "Mau Governo" é uma paisagem arrasada, com cidades destruídas, comunicações suspensas; enquanto o cosmos do "Bom Governo" é uma paisagem cuidada, com culturas florescentes, flora e fauna variadas, cidades bem construídas, numerosas artes, comércios ativos e indústrias abundantes. Você então pode reconhecer por que não me daria muito trabalho interessar os espíritos jovens na questão de descobrir por si próprios qual pode ser atualmente a diferença entre o Bom e o Mau Governo, tanto dos homens quanto das coisas. Para almas bem-nascidas, pode haver por acaso alguma questão mais importante que essa?

Quando nos conhecemos, você me comunicou a inquietude que sentia diante desta contradição aberta entre, de um lado, o anúncio de um Apocalipse e, de outro, a confiança no progresso inelutável das ciências e das técnicas. Espero não ter feito você perder tempo incitando-a a acompanhar estas poucas lições de humanidades científicas. Cabe agora a você tirar suas próprias conclusões.

Desejando que você tenha umas felizes férias alemãs, despeço-me com um cumprimento muito cordial,

Bruno Latour

(traduzido por Rosine Christin), Paris, Seuil, 2003, e, antes dele, por Anne-Marie Brenot em *Sienne au XIVe siècle dans les fresques de Lorenzetti: la cité parfaite*, Paris, L'Harmattan, 1999.

Agradecimentos

Agradeço aos alunos do curso de Humanidades Científicas da Sciences Po de Paris por terem tido a paciência de me escutar e a coragem de trazer os seus diários de bordo. As tutoras do curso de 2009, em especial Guehanne Beaufaron, Helena Saffar e Margaux Luflade, compartilharam comigo comentários muito úteis; sem as sugestões de Dorothea Heinz, Robinson Latour, Tommaso Venturini e Stéphane Van Damme, no entanto, este livro teria sido ainda mais imperfeito.

Sobre o autor

Bruno Latour nasceu em 1947 em Beaune, cidade da região da Borgonha, na França. Formado em filosofia e antropologia, foi, entre 1982 e 2006, professor do Centre de Sociologie de l'Innovation na École Nationale Supérieure des Mines em Paris, além de professor visitante na University of California San Diego, na London School of Economics e em Harvard. Atualmente leciona na Sciences Po de Paris. Em 2013 recebeu o Holberg International Memorial Prize, por sua contribuição à sociologia e às ciências humanas. É autor dos seguintes livros:

Laboratory Life: The Social Construction of Scientific Facts (com Steve Woolgar, 1979) [ed. bras.: *A vida de laboratório: a produção dos fatos científicos*, Rio de Janeiro, Relume Dumará, 1997]

Les microbes: guerre et paix seguido de *Irréductions* (1984)

Science in Action: How to Follow Scientists and Engineers through Society (1987) [ed. bras.: *Ciência em ação: como seguir cientistas e engenheiros sociedade afora*, São Paulo, Editora Unesp, 2000]

Nous n'avons jamais été modernes: essai d'anthropologie symétrique (1991) [ed. bras.: *Jamais fomos modernos: ensaio de antropologia simétrica*, São Paulo, Editora 34, 1994]

Aramis, ou l'amour des techniques (1992)

Éclaircissements (entrevistas com Michel Serres, 1992) [ed. bras.: *Luzes*, São Paulo, Unimarco, 1999]

La clef de Berlin et autres leçons d'un amateur de sciences (1993)

Pasteur, une science, un style, un siècle (1994)

Le métier de chercheur: regard d'un anthropologue (1995)

Petite réflexion sur le culte moderne des dieux faitiches (1996)

Petites leçons de sociologie des sciences (1996)

Paris, ville invisible (com Emilie Hermant, 1998)

Pandora's Hope: An Essay on the Reality of Science Studies (1999) [ed. bras.: *A esperança de Pandora: ensaios sobre a realidade dos estudos científicos*, São Paulo, Editora Unesp, 2017]

Politiques de la nature: comment faire entrer les sciences en démocratie (1999) [ed. bras.: *Políticas da natureza: como fazer ciência na democracia*, Bauru, Edusc, 2004]

Jubiler ou les difficultés de l'énonciation religieuse (2002)

La fabrique du droit: une ethnographie du Conseil d'État (2002) [ed. bras.: *A fabricação do direito: um estudo de etnologia jurídica*, São Paulo, Editora Unesp, 2019]

Un monde pluriel mais commun (entrevistas com François Ewald, 2003)

Reassembling the Social: An Introduction to Actor-Network-Theory (2005) [ed. bras.: *Reagregando o social: uma introdução à teoria do ator-rede*, Salvador, Edufba, 2012]

De la science à la recherche: chroniques d'un amateur de sciences (2006)

Sur le culte moderne des dieux faitiches (2009) [ed. bras.: *Reflexão sobre o culto moderno dos deuses fe(i)tiche*, Bauru, Edusc, 2002]

Cogitamus: six lettres sur les humanités scientifiques (2010) [ed. bras.: *Cogitamus: seis cartas sobre as humanidades científicas*, São Paulo, Editora 34, 2016]

Enquêtes sur les modes d'existence: une anthropologie des modernes (2012) [ed. bras.: *Investigação sobre os modos de existência: uma antropologia dos modernos*, Petrópolis, Vozes, 2019]

Face à Gaïa: huit conférences sur le nouveau régime climatique (2015)

Reset Modernity! (organização com Christophe Leclercq, 2016)

Où atterrir: comment s'orienter en politique (2017)

Critical Zones: The Science and Politics of Landing on Earth (organização com Peter Weibel, 2020)

Este livro foi composto em Adobe Garamond e Imago
pela Bracher & Malta, com CTP da New Print e impressão da Graphium
em papel Pólen Soft 80 g/m² da Cia. Suzano de Papel e Celulose
para a Editora 34, em março de 2020.